P9-DVJ-107

DATE DUE

PALABRA NUEVA

Cuentos Chicanos II

PALABRA NUEVA

Cuentos Chicanos II

Edited and with an Introduction by

Sergio D. Elizondo New Mexico State University, Las Cruces

Armando Armengol The University of Texas at El Paso

Ricardo Aguilar The University of Texas at El Paso

1987

ISBN - 0 - 9615403 - 2 - X

AGRADECIMIENTOS

Agradecemos el interés y el apoyo moral y económico que han brindado a <u>Palabra nueva</u> las siguientes personas e instituciones: Dr. Thomas M. Gale, Dean, College of Arts and Sciences, New Mexico State University; Department of Foreign Languages, New Mexico State University; Dr. Ray Sadler, Director, Joint Border Research Institute, New Mexico State University and Dr. Armando Armengol, Chairman, Department of Modern Languages , The University of Texas at El Paso, y el Instituto de Estudios Chicanos, New Mexico State University.

Con este volumen Palabra nueva cumple cinco años de trabajo y publicación de textos originales chicanos y fronterizos escritos en español.

Nuestro éxito se debe en gran parte a la colaboración de los escritores mismos y de los jueces que han contribuido su tiempo y esfuerzo generosamente al proyecto.

Ya en otros volúmenes hemos mencionado sus nombres; en éste nos corresponde agradecer al Dr. Justo Alarcón de Arizona State University, al Dr. Francisco Lomelí de University of California, Santa Barbara y a la Dra. Ana Perches, de New Mexico State University.

Reiteramos nuestro compromiso de seguir publicando en español los textos premiados en los concursos "Palabra nueva" en ésta y las próximas publicaciones para que así se haga patente la existencia de toda una literatura al margen de las corrientes dominantes. Este trabajo resulta ahora más importante que nunca dado el auge de las actividades legislativas en varios estados hacia la imposición del inglés como única lengua oficial de los Estados Unidos.

Mucho nos complace que en este libro aparezcan, junto a autores de renombre, otros que se inician en el arte de la escritura, plasmada en textos de gran intensidad y valor literario toda una serie de preocupaciones y vivencias que aumentan el legado cultural de nuestros pueblos.

Sergio D. Elizondo,
New Mexico State University

Armando Armengol,
The University of Texas at El Paso

Ricardo Aguilar,
The University of Texas at El Paso

ZAPATOS DE HUEVO

Jim Sagel

Pasó durante el tiempo de las goteras. Había llovido por cuatro días seguidos, y parecía que todavía iba a seguir. Y ahora, en el cuarto día, las goteras habían empezado —gotas de agua cayendo del techo por toda la casa. Ya mi papá había echado un terregal arriba del techo— hasta miedo le había dado que las vigas se iban a quebrar. Pero, con tanta lluvia, pues el agua tenía que pasar.

Eramos una familia muy unida, sí —pero encerrados todos juntos por tantos días— pues, estaba duro. Especialmente para una joven de diez años que ya le gustaba imaginarse mujer y que necesitaba estar solita de vez en cuando. Y luego, en aquellos tiempos —igual que hoy en día— la mujer hacía todo el trabajo en la casa. Nosotras aceptábamos eso —¿qué más íbamos a hacer?— pero cuando todos los hombres se quedaban adentro de la casa, emporcándola y luego estorbándonos para limpiarla, pues se ponía doble de trabajoso. Y mi papá —él era el peor. Era la clase de hombre que siempre tenía que estar ocupado— todo el tiempo trabajando afuera. Todavía cuando me acuerdo de él, lo veo con una herramienta en la mano —un hacha, una pala, un martillo— él siempre andaba con algún negocio. Y cuando llegaban estos tiempos de las goteras —o las nevadas que nos encerraban cada invierno— pues, mi papá se

9

ponía tan nervioso que casi no lo aguantaba uno. Se ponía de muy mal humor y caminaba de un cuarto al otro, como un león enjaulado. Y nos maltrataba a todos nosotros —pero más a mamá, pobrecita— tanto que trabajaba y luego también tenía que aguantar todas las quejas de él en silencio.

Pero yo le ayudaba a mi mamá —pues, ya tenía diez años. Yo ya no era una muchachita. Ya le ayudaba con la casa y también hacía de cenar. Esa era la única ocasión que mi papá me halagaba. Decía que yo hacía papas fritas mejor que cualquier otra mujercita. Eso sí me gustaba —cuando él decía que "mejor que cualquier *mujercita*". Yo quería ser adulta en aquellos tiempos —ahora diera mi vida por volver a ser una muchacha, pero eso es otra historia.

Bueno —la lluvia había caído por cuatro días y ya teníamos ollitas y botes por toda la casa llenándose con las gotas que salían del techo, cuando mi tía Juana y mi tío Plácido llegaron. Mis tíos tenían un techo peor que el nuestro y ya no podían quedarse dentro de su casa.—Es la misma cosa que afuera —dijo mi tía Juana. Y aunque mi mamá está muy contenta de ver a su hermana, mi papá se puso hasta más genioso. Bien sabía yo su opinión de su cuñado— pues, le había oído cuando le decía a mi mamá que el Plácido era un hombre que no servía para nada. Y yo sabía qué estaba pensando —que si mi tío Plácido hubiera compuesto su techo en lugar de gastar su tiempo con sus "tonterías", pues, entonces no hubieran llegado aquí.

Pero aquí estaban ya, y yo tuve que dejarles mi cama a mis tíos. Me mudé para la cocina donde no estaba goteando tan malamente. Y mi cama nueva, pues, era una zalea. Nuestra casa —como todas las casas en aquellos tiempos— no era ni tan grande. Y luego éramos muchos para poder acomodar a mis tíos. Pero nunca hubo preguntas. Eran familia y necesitaban nuestra ayuda. Y nosotros les ayudamos —era nuestro modo de vivir entonces.

Y, a pesar de lo mal que mi papá pensaba de mi tío Plácido, de suerte que estaba con nosotros. Así, a lo menos, mi papá tenía alguien con quien podía platicar y el tiempo, tan siquiera, se pasaba un poco más rápido para él. Porque si había una cosa que si le gustaba más que trabajar con sus caballos, pues era *hablar* de ellos —tanto orgullo que tenía por ellos. Y sí, eran los mejores caballos de Coyote— no había duda de eso— y yo no sé que tantas veces mi papá le platicó la historia de su "Morgan" a mi tío Plácido. Ese era su favorito, quizás, porque ya hacía años que ese caballo se había muerto, y mi papá todavía hablaba de él. Yo misma ya sabía todo el cuento de memoria.

Una vez prendió su Morgan con un caballo nuevo que todavía no sabía jalar. Y él mismo tuvo la culpa, mi papá repetía a mi tío Plácido, porque fue y le echó demasiada carga al carro —pura leña verde, sabes. Y luego tuvieron que subir unas laderas bárbaras para sacar el carro de allí— y su pobre Morgan jalando todo ese peso solo. Pues, el otro no le ayudaba nada. Pero ese caballo, ¡mejor se mataba que rajarse! Y ya cuando llegaron, pues el pobre andaba muy enfermo —y, en dos días, se murió. Seguro que se había destripado con ese jalón tan terrible— y, ¡qué tristeza! —no había caballo más fuerte que aquel Morgan, mi papá le decía a mi tío.

Y mi tío Plácido —bueno él nomás decía que sí, que sí, mientras trabajaba en sus rompecabezas. Esas eran las "tonterías" que para mi papá eran una pérdida de tiempo. Sin embargo, le gustaban a mi tío Plácido como a mi papá los caballos. Y era un hombre muy sabio mi tío, sabes, para poder hacer esas cosas. Pues agarraba un cartón y lo cortaba en pedazos de todos tamaños y luego los ponía pa'trás. Algunas veces los hacía de madera que componía con su navajita —y luego molestaba a todos que los hiciera— tú sabes, que uno pusiera los pedazos en su propio lugar. Cuando empezaba con eso, mi papá miraba pa'fuera más que nunca y decía a mi mamá que iba a salir, pero ella no lo permitía. —No nito — le decía—, te vas a enfermar. ¿Qué tienes?

Esa era la única ocasión cuando mi mamá mandaba a mi papá, sabes. Ella no sabía mucho de los animales ni del rancho, pero de la enfermedad —eso sí. Pues, estaba obligada a saber. No había doctores ni hospitales entonces, y luego ella con una familia de ocho hijos, pues tenía que ser la médica de la casa. Y ¡cómo sabía ella de las yerbas!— ooh, todas clases de remedios que hacía a uno tomar. Siempre me repugnaban a mí —¡tan amargosas que eran algunas!— pero ahora tengo que agradecerle porque nos crió a todos nosotros con esos tés tan agrios y mordaces. Me acuerdo que cuando yo le daba guerra para tomar algún remedio, pues nomás me agarraba de las narices. Me abría la boca y échamelo.

11

Y mi mamá se puso más ocupada que nunca con los remedios cuando su hermana llegó en aquel tiempo de las goteras. Mi tía Juana, ves, era una hipocondríaca. Así decían todos —hasta mi mamá lo sabía, yo creo. Mi tía siempre andaba con alguna queja —tú sabes, dolor de esto y del otro, y ahora que se encontraba rodeada de toda la familia, pues, se falteó peor que nunca. Bueno tenía a todos para darle simpatía, sabes, y mientras que la lluvia seguía cayendo igual que las goteras adentro, mi tía Juana se quejaba a cada uno de nosotros de sus dolores tan fuertes de cabeza. Y mi mamá le preparaba un remedio nuevo cada rato, se me hacía —inmortal, oshá, poléo, ruda— pero parecía que nada le ayudaba. Eso también le hacía la vida pesada a mi papá, y si mi tía Juana no le daba suficiente pena a mi mamá, pues mi papá le acababa de apenar con sus quejas sobre su cuñada. Cada rato le decía a mi mamá que la Juana lo hacía de adrede, y que si mi mamá no le diera tanta atención, pues pronto sanaría. Pero mi mamá, lo aceptaba todo en silencio. Y me acuerdo que yo, en aquellos tiempos, creía que ella era débil —que no tenía el valor de responderle. No fue hasta años después que entendí que_ella_ era la fuerte— que no peleaba por causa de la familia. Ella nos perdonaba por todas nuestras estupideces y faltas, y siempre hallaba el buen lado de cada uno.

Y así le decía a mi papá cuando se quejaba tanto de mi tía Juana —y un modo muy propio escogió para explicarle.—Ella es la misma cosa que tú —le decía—. No puede quedarse quieta, sin hacer nada. Es muy duro para ella estarse en una casa ajena sin sus quehaceres. Es nerviosa nomás —lo mismo que tú. Por eso se enferma tanto.

Bueno, ¿qué le podía contestar mi papá a eso?

Otra maña también tenía mi tía Juana. Era tartamuda —quizás siempre había sido. Y, para mí a lo menos, su modo de pronunciar las palabras me daba tanta risa que no me importaban todas sus "enfermedades". Risa en secreto, seguro —porque eso era una cosa de muchísima importancia entonces, sabes —uno siempre respetaba a sus mayores, especialmente la gente anciana. Pero no podía esconder una sonrisa cuando ella decía: —Vamos a mealos, litas, pa'acostalos.

Y ella se acostaba muy re-temprano, sabes —nomás se hacía oscuro y ya se acostaba. Y luego se levantaba con las meras gallinas. Yo me acuerdo que la primera mañana que pasaron con nosotros, ya pa' cuando yo me levanté, ella estaba planchando. —Ya yo laví y planchí y el Placidí todavía dumiendo —me dijo—. Ay pelo ¡qué dolo' de cabeza me 'tá dando, hijita.

Luego mi mamá se levantó a hacer el almuerzo. Después de almorzar, mi papá vació todas las ollas de agua afuera y entró a avisarnos que todavía seguía mal el tiempo. Luego se puso a hacer un cabrestito de cerdas trenzadas. Mi tío Plácido acabó otro rompecabezas y se lo enseñó a mi tía, pero ella dijo: —No me gutan etas tontelías —y me imaginé que ella había oído a mí papá, porque así decía él también— que esas cosas que hacía mi tío eran "puras tonterías". Pero mi mamá le dijo que mi tío Plácido era muy inteligente para poder pensar todas esas cosas.

Bueno —así pasaron días, uno atrás del otro, y todavía la lluvia metida y las gotas sonando en las ollas, marcando los segundos como un reloj incansable. Pero lo que me acuerdo más que nada —todavía tantos años después— son las noches, porque en las noches mis papaces y mis tíos se juntaban a jugar a la baraja. Mis hermanos se iban al otro cuarto a platicar y jugar sus propios juegos, y a veces me gustaba juntarme con ellos —especialmente cuando mi hermano Belarmio tocaba la guitarra. Pero ellos —como eran puros hombres, y mayores que yo, pues nunca me querían allí. Bueno, pero a mí me cuadraba más quedarme con los adultos de todos modos —para escucharlos, sabes. Jugaban a la rondita y me daba risa con mi tía Juana porque se enojaba tanto con mi tío Plácido. Ella decía que él robaba "grano" todo el tiempo, y luego se excitaba tanto cuando le ofrecía la chanza de darle un portazo. —¡Polazo!— gritaba ella, y tiraba su baraja sobre la de él con toda su fuerza. Y, en aquellos ratitos, mientras jugaba, ella se olvidaba de sus "dolores" y jugaba con una energía bárbara.

Jugaban todas las noches y algunas veces casi hasta la madrugada, porque mi papá era demasiado terco, y si él no ganaba pues tenían que jugar hasta que, a lo menos, se habían quedado a mano. Y se divertían mucho, sabes —apostaban pollo y platicaban muy bonito, con mi tío Plácido "curando" las barajas con su "brujería" que tanto coraje le daba a mi tía. —Cruz de macho—... si me dejas perder, te empacho —decía. —Cruz de encino—... si me dejas perder, te empino.

Y sabes que casi siempre él y mi mamá ganaban cuando

hacía eso.

Pero lo mejor de todo era cuando acababan el juego. Luego mi mamá y mi tía hacían café y buñuelos y se ponían a sabrosear y platicar. Yo ya me había acostado para esas horas, pero estaba cerca de la mesa y, aunque cerraba lo ojos, no me dormía. Era entonces que mitoteaban y platicaban de los parientes y vecinos. Era una noche de esas cuando aprendí yo que mi tía Elena se había casado con su primer esposo con la esperanza de que se muriera. ¡Sí! Era en los tiempos de la guerra mundial, y mi tía se casó con aquel hombre el día antes de que se fuera para la guerra. Ni lo quería, decían, pero estaba convencida que nunca volvería de la guerra —bueno, era un hombre chaparrito y tan saludable. Y quizás mi tía se casó con él porque esperaba su pensión. Luego, ¿sabes qué pasó? Pues, ni lo aceptaron en el ejército—yo no sé si no era grande suficiente o enfermo o qué, pero el cuento es que él volvió —presto. Y mi tía Elena, pues lo dejó, ya que no iba a sacar su dinerito.

También se ponían a hablar de la brujería algunas noches, pero eso no le gustaba a mi papá. Para él, la brujería era nomás otra "tontería". El nunca había visto ninguna de esas cosas, "ni una pura bola de lumbre"—y él sí se había paseado a caballo por todas estas partes en la noche, y toda la vida también. Pero siempre mi mamá y mis tíos platicaban de las brujas y ¡cómo me espantaba yo! Acostada allí con los ojos apretados y el sonido constante de las gotas en las ollas —pues, muy bien podía imaginar las caras desfiguradas y horribles de las brujas malditas— y sus gatos negros y sus tecolotes. Platicaban de aquella vieja allá en el Cañón de las Grullas —la Petra— que por tradición o por prueba, no sé cual, tenía la fama de ser una esclava del diablo. Y mi tía hablaba de aquel velorio cuando la Petra trajo una olla de frijoles que nadien atocó —y luego pa' la siguiente mañana ya estaban pudridos y agusanados. Y luego platicaban de unas cosas tan escariotas que yo casi no las podía creer. Como cuando la Petra se enamoró de un hombre casado de las Polvaderas. Y cuando él no quería dejar a su mujer por ella, pues lo embrujó con un cigarro que le dio, y el pobre hombre se hizo mujer. Ooh —cosas increíbles— pero tan mágicas, ¡tan misteriosas para una niña de diez años!

Y yo no sé, pero yo creo que siempre sabía que alguna cosa iba a pasar entonces, en ese año de las goteras tan malas. Es una habilidad que yo siempre he tenido. Ni yo misma la entiendo, pero en veces puedo sentir lo que va a suceder. Y la misma cosa entonces —nomás que era la primera vez que me pegó tan fuerte, y no entendí lo que estaba sintiendo.

Ya había hecho seis días que mis tíos habían estado con nosotros —y todavía lloviendo. Oh —se quitaba por ratitos, pero luego pronto empezaba a caer otra vez. Y las goteras de adentro —pues, nunca paraban . Ya le estaban dando dolores de cabeza a mi tía Juana más fuertes que nunca, y mi mamá ya estaba bien apenada. Y ese día, al fin decidió de darle otra clase de remedio, porque mi tía dijo que tenía calentura también —y sí, parecía que tenía fiebre. De modo que mi mamá batió unos blanquillos que le puso en la cabeza y en los pies, amarrándole estos con unas garras. Le dijo que se acostara en el cuarto de atrás. Bueno, la acostaron y, yo no sé qué pasó, pero yo creo que era causa de su nerviosidad —pues, era que pensaba que mis papaces estaban platicando de ella. Nunca supe —pero el cuento es que cuando nos sentamos a cenar, mi hermano Eduardo gritó: –¡Aquí viene mi tía Juana gateando con los zapatos de huevo a greña!

Corrimos pa'llá —y sí, mi tía Juana venía a gatas por el corredor con los "zapatos de huevo" levantaditos atrás. Pues, imposible no reírnos —¡tan curiosa que se miraba! Y toda la noche seguimos riéndonos cada vez que alguien mencionaba "zapatos de huevo". Hasta la mañana, cuando mi tía amaneció muerta.

Nunca supimos qué le había pasado. En aquel entonces, sin doctores, pues la gente nomás decía que "le dió un torzón y se murió". Y esa misma mañana, después de diez días de lluvia, el cielo abrió y el sol salió. La velamos en casa, y aunque la lluvia se había quitado, todavía seguían cayendo algunas gotitas adentro de la casa. Pero nadien las notaba como se mezclaban con las lágrimas.

Mi tío Plácido, me acuerdo, se quedó sentado todo el día con el cuerpo, mirándolo con una intensa confusión casi como si fuera otro rompecabezas que, después de una larga contemplación, tal vez podría resolverlo.

No hay que decir que todos nosotros andábamos con un sentimiento grande por habernos reído de ella —mi papá peor que nadien. Pero entonces pensé —y todavía pienso— que era bueno que nos habíamos reído tanto. Para mí, era como un último regalo de mi tía tartamuda que, a pesar de todos sus dolores y quejas, siempre sabía divertir a la gente.

Pues, mira. Ya después de tantos años —con mi mamá y papá también muertos ya— todavía me acuerdo de mi tía Juana y aquel tiempo de las goteras. Y aunque ya no cae agua por aquí, y hasta la casa de mis papaces se ha deshecho con el tiempo, mi tía Juana todavía viene gateando a greña por mi memoria. En sus zapatos —sus zapatitos de huevo.

*

EL VALS DE LAS HOJAS MUERTAS

Elvia García Ardalani

El día que Eulalia Galván amaneció muerta en la iglesia de San Agustín, a escasas dos cuadras de su morada, el barrio explotó en una conmoción sin precedentes. Las mujeres se echaron a la calle. Las más viejas con los chales sobre las cabezas y las más jóvenes atildándose un poco los ojos pasmados de curiosidad y asombro. Los hombres intentaron poner orden en aquella multitud abochornada que rodeaba la iglesia, pero la masa de gente se había tornado en una amalgama de histeria y gulúsmeo. El padre Bernardino prohibió la entrada al atrio hasta que el cadáver de doña Lala, como la conocían todos, no fuera investigado por las autoridades correspondientes.

Fue la noche del 15 de septiembre cuando la mujer entró a la iglesia acompañada de Manolita, el animal que había compartido su vida los últimos diecisiete años, cambiando sus forros felinos por los de la gente de barrio, tragando frijoles y arroz hasta que los dientes se le pusieron grandes como de conejo y el corazón se le hizo humano. Iban a rezarle a Dios como lo hacían siempre. Estaba lloviendo mucho. Doña Lala se cubrió el rostro con un pañuelo y envolvió a Manolita en una toalla para que no se mojara. En la iglesia al día siguiente amanecerían las huellas de lodo que dejaron los zapatos

17

estriados de doña Lala en su marcha hasta el altar, igual que la encontraron a ella de bruces bajo la cruz, con Manolita aterida en la muerte junto a su ama.

Eulalia Galván era una mujer rechoncha, de gruesos anteojos y cara de hombre que no coincidía en lo mas mínimo con su voz quieta y suave. Acababa de cumplir sesenta años, cuarenta de los cuales se los había pasado fregando pisos y limpiando baños en uno de los dormitorios de la universidad. Se le veía a diario cargando la cubeta y el trapeador, derramando gotas de sudor, saludando en inglés, cuchicheando con sus compañeros en español, trafagando para arriba y para abajo como una rata ciega acostumbrada al laberinto. Estaba a punto de retirarse porque ya la edad no le daba para más y la artritis se estaba cimentando en sus arterias con tanto ímpetu como el tedio y la soledad. Se estaba volviendo vieja. Cada día que pasaba le parecía más larga la distancia de su casa al trabajo, y aquello era insalvable puesto que ambos sitios seguían donde mismo. El día en que murió se puso sus viejos pantalones de cuadros y una camisa raída que intentaba acallar con la cinta rosada del pelo. Le dió algo de leche a Manolita y salió a trabajar. La mañana era soleada y calurosa como los veranos del barrio. Los Cantú abrían su panadería de la esquina, y el olor de la harina yanqui vestida de molletes producía un olor especial, a risas de jornaleros, a chiquillos ansiosos, y fogones humeantes. Esa sería su última jornada. Trapeó, sacudió, lavó, ajena a su destino, y al final le ofrecieron una pequeña despedida por sus cuarenta años de labor. Algunos gringos y chicanos le tendieron las manos, la felicitaron por su loable tarea, le dieron ponche con galletas, y la mandaron a su casa con la sensación de que su vida había sido una verdadera estupidez. Fue ya en la calle donde abrazó a Marcos e Idalia, viejos compañeros de trabajo, y les espetó un al final de cuentas todo ésto es un jodedero de mulas entre caballos blancos. Los ojos se les empaparon a los tres, pero ninguno mostró la cara.

La gente ganó algo de aplomo. Se congregaron frente a la iglesia esperando ver el cadáver de doña Lala Galván, y algún ateo maldijo al gachupín ese que les habían puesto por cura sólo porque hablaba español arrastrando las eses.   Una muchacha caritativa se ofreció a traer algo de café y atole para solventar la paciencia de los sedientos que aguardaban fuera del santo lugar, y en cuestión de minutos aquello se había transformado en un murmullo callado, atragantado de atole, rebosante de rezos y chismorreos. Una mujer vestida de negro se rodeó de cirios blancos y comenzó un canto quedo, fúnebre, que estremecía de dolor hasta a las coarteaduras del pavimento. El cielo se fue tiñendo de obscuro, como si extrañara su arrebato de la noche anterior. El polvo de las calles se alborotó calmoso. A lo lejos un perro y un gato se perseguían violentos por entre las cercas. Unos cuantos policías y un grupo de hombres vestidos de blanco se abrieron paso a empujones. No hicieron comentario ni contestaron preguntas, sólo un mascullar de entre los labios dejó brotar alguna maldición despectiva, mientras entraban con las testas de ídolos sagrados en alto, y los cuerpos semidoblados tirando codazos al aire. La gente no se inmutó. Bultos de personas se apiñonaron aquí y allá apretando los vasos de cartón, en una sensación unísona que les blanqueó fugazmente la punta de los dedos.

Doña Lala Galván había llegado a casa con la barriga endurecida de galletas. Le pareció que había sido ayer cuando Gregorio Galván le dijo que el corazón no se podía dominar, y que los ojos negros de Adelaida Guerra lo hacían desertar de todo, incluyéndola a ella. Le habló de otros mundos, de la luna, del gran amor que le enroscaba el alma cada vez que veía a Adelaida caminar en sus bamboleos de yegua fina, y lo único que Lala pudo entender era que su viejo la dejaba a los diecinueve años sola, sin dinero, y sin educación. Hizo un poco de todo hasta que se metió de afanadora y decidió que para la gente tan triste fregar pisos era una curación. Se volvió seria, retraída, nunca se le vió aceptar galanteos. De vez en vez se le veía en las tardes de los veranos sudorosos platicar con las comadres, o sentarse en el porche en su antiquísima mecedora a espantarse los grillos a mansalva. Así se tornó vieja y una noche de pronto el barrio le descubrió la cabeza totalmente infestada de blanco, el cuerpo amacizado y la expresión más masculina que nunca. De ahí en adelante jamás la volvieron a llamar Eulalia. Le adjudicaron un prematuro doña Lala, sin percatarse que aún era una mujer joven, y la dejaron vivir su soledad.

El intuído aguacero se resbaló del cielo desperdigando a los dolientes que esperaban fuera del templo. Algunos retractados corrieron a sus casas, mientras que otros más insistentes buscaron refugio. La mujer de los cirios, impenetrable a la lluvia, caminó lenta hasta refugiarse bajo un árbol. Se rodeó de nuevo de éstos, ahora apagados, y recomenzó los rezos ininteligibles. El agua convirtió la escena en una batalla campal, donde los hombres y las mujeres que quedaban sobreponíanse presos de una curiosidad solidaria, para ver a la única mujer que se había muerto absurdamente en una iglesia, desde los días de la fundación del barrio. Unos imitaron a la mujer de los cirios, amparándose bajo el inmenso árbol. Otros optaron por el gran hueco que había dejado la ilustrísima figura de San Andrés, que se encontraba en el taller de reparación (un chiquillo grosero le sacó los ojos para jugar canicas). La ropa se les empapó como hembras ardientes y el olor a tierra mojada coreaba los rezos.

Manolita maulló hambrienta frente al plato repleto de frijoles. Los ojos verdes se le abrieron de contento cuando doña Lala, compartiendo su porción, agregó una cucharada de arroz y un pedazo de carne sepia. Fue la primera vez en diecisiete años que no cenaron juntas. Solía sentarse en el comedor, donde la esperaba Manolita encaramada en la mesa, a contarle las vicisitudes del día, mascando con tanta paciencia que Manolita acababa amodorrada, a punto de echarse a dormir, siempre con las tripas un poco navegando en el deseo. Las dos sintieron que algo pasaba esa tarde. El día que te mueras yo me moriré contigo, le contó acariciando a la bolita gris e hirsuta, que escuchaba todos los tedios de Eulalia Galván. La había dormido mil veces contándole la dudosa historia de Mrs. Dunn, la gringa rica que le quedó tan agradecida por favores de pobre que la invitó a pasarse unos días con ella en Nueva York con los gastos pagados, en el mejor hotel. Sin embargo jamás le contó a Manolita, quizá por pudor, la historia del esposo, pero su instinto felino seguramente le anunció que algo ocurría en la vida de su amiga, pues a veces de noche, bajo las cobijas, se tocaba tortuosamente un seno murmurando Gregorio.

¿Por qué se tardará tanto el padrecito para decirnos lo que pasó? A lo mejor ya le vinieron con el chisme de que la Lala anduvo de coscolina los últimos meses antes de que se muriera. ¡Ay Dios santísimo! Tengo las mechas todas olorosas a nube. Y este aguacero que no se para; oigan a mí se mi hace que si nos quedamos mucho aquí puede tumbarnos un rayo. El padre Bernardino que ni se asoma. Bueno, yo no sé, a mí se mi hace que a lo mejor el padrecito le niega el santo sacramento you know, como Dios manda. Es que a sus años traer una movida pos jijos, mejor persinarse. Pobre la Lala. Estoy segura que fue culpa del gringo. No, no se asusten, a mí nadien me va a picar los ojos. Aquí entre nosotros y en voz bien bajita, el bolillo ese con el que salía no la iba a querer por bonita, no, el gringo traía malas intenciones, you know. Yo viví a la derecha

20

de la Lala desde que aquel desgraciado Gregorio la trajo al barrio, toda toda flaquita, con cara de tomboy, y ella se pasaba la vida mirándolo con ojos de borrego a medio hervir, Gregorio te hice apple pie, Gregorio los buñuelos están bien cronchy, cronchy, hasta que el malnacido la dejó por la Adelaida. ¡Perro peseta no te tragues mi atole! Ni el agua les calma la barriga a estos sontejas. No se ría Juanita, así les llamo yo. Anyway, nunca le perdonó al Gregorio la traición. El desgraciado ése vive por un barrio que no está tan lejos de aquí, pero nunca ha venido a verla. La Lala visitaba bien seguido a doña Nelva es rebuena pareso. Doña Nelva sabía que el destino de los hombres cambia cada cinco años, como las constelaciones, y habrían de haber visto las palmas de la Lala, todas tajadas con cuchillo, para decidir la vida del Gregorio, hasta que doña Nelva perdió tino y ya no pudo ver nada del futuro. ¿Verdad que sí doña Nelva? Andale tú Rudy, vete a comprarle dos tortillas con huevo a doña Nelva que trae cara de hambre. ¡Qué le hace que esté lloviendo muchacho! Doña Nelva está vieja y sorda ¡Hurry up muchacho endiablado! El de todo era el gringo, el tal bolillo, you know como es la vida.

Se puso un vestido verde y se quitó la cinta del pelo, viendo a Manolita reposar la cena. Estaba sobándose las piernas encogidas por la artritis sobre la mecedora cascada, cuando Samuel González llegó con sus retribos. Se sentó como siempre en la silla coja y Manolita gruñó de rabia a las botas grises que tan campantemente le pisaron su manta. Comentó con prudencia los caprichos del tiempo peinándose nerviosamente el cabello. Estaba incómodo, árido. Había tocado la puerta atropelladamente. Felicitó a doña Eulalia por su bien merecido retiro, y una súbita piedad de siglos lo hizo consumirse en el miedo mientras le ayudaba a frotarse las piernas morenas, completamente ajadas, con ben-gay.

Hace muncho que la Lala ni se molestaba en consultarle a la Nelva del Gregorio. El gringo la hizo resucitar. Yo lo miraba llegar cada semana bien alto, bien arregladito, vestido de cowboy. Tenía el pelo como el mismo sol y los ojos azules, azules, you know era un cowboy. Se metía en la casa de la Lala por muncho tiempo y tú sabes, salía con una bolsa del wal—mart llena de cosas. Después que se iba se ponía a cantar, ya no andaba deshaciéndose por los rincones. Luego dejaba entrar patrás a la Manola. A mí se mi hace quese animal estaba embrujado... para mí que el padrecito le va a negar el santo sepulcro. Ya lleva su tiempo adentro. Ojalá que este aguacero no inunde mucho las calles, porque si no qué pleito con mis niños que se salen en calzones a bañarse a la calle, y luego los sapos brinque y brinque sobre las banquetas. A mí ya me habían dicho que el tal gringo más bien era chicano, que vivía en el mismo barrio donde vivía el Gregorio o de por ahí cerca, pero pos la verdad parecía gringo y hablaba siempre palabras raras, you know cosas de gringos. La cosa es que seguro que pensó a ésta vieja bruta le saco hasta lo que no y ni quién se preocupe por ella. Tan poca vergüenza tenía el desgraciado, que a veces una muchachita bien joven lo esperaba en la esquina. You know, parece increíble pero hay gente así en el mundo.

Yo ya soy de otro mundo compadre, del país de los muertos. Ya mi pobre vieja no halla ni que hacer para salvarme. Ayer me llevó con doña Nelva a que me hiciera curas de pera... ay mi pobre vieja, no se quiere resignar...ya le dijo el dóctor Cardona que el cáncer me está empepitando el páncreas, pero ella no lo cree, dice que ese hombre estudió tanto que no sabe curar su gente...ah que mi viejita loca...y luego la Nelva con sus cursilerías de lechuza volteándose al revés y al derecho, espiándome las venas para buscar al bicho del mal, que ni el dóctor Cardona pudo encontrar con sus aparatos y su tecnología. Yo me dejé por mi mujer, porque la pobre tiene un cáncer más grande que el mío...no admite que la trastabillada de la Nelva ya está añosa...se puso a cantarme el sana sana colita de rana en medio de brincos y de polcas sagradas. Yo ya soy de otro mundo señores, del país de los muertos. ¡Cómo llueve! A mí no me importa, yo me vine rápido, rápido, con mis andares de viejo en cuanto supe lo de doña Eulalia. Mi mujer me lo dijo, entró gritando en la mañanita que doña Eulalia estaba muerta en la iglesia. Tan pronto se fue mi viejita al trabajo, salté de la cama y me vine a ver. A mí el cáncer no me va a amarrar, no, yo estoy más vivo que nunca. Doña Eulalia era buena como camaleón. Yo sabía que moriría tocando las campanas. Era gente de justicia. Toda la vida jalando, aguantando como buena mujer. Creo que ayer hasta le hicieron un homenaje, ustedes saben chiquito, pues uno es humilde, pero un homenaje. Guarézcase un poquito más adentro, a mí no me importa mojarme. Parece mentira que hace un rato estuviera soleado. Así está bien. Cuando uno sabe que se va a morir y repasa su vida y mira tanta gente matándose para sobrevivir, y luego pagándose su propia muerte ya lo que quiere es morirse. Como cucarachas. Doña Eulalia hace tiempo que sabía eso, por eso andaba con la idea de la concientización metida entre ceja y ceja. ¿No saben lo que quiere decir? Pues es algo como... como

22

vencer sueños, como vencerse a uno mismo. Desde que conoció a Samuel se le llenó la cabeza de cosas de hombre. Fruslerías de muchachos. El Samuel era un muchacho estudiado, de esos que se educaron bien en el colegio y no les daba vergüenza vivir en barrio. Andaba en todos lados repicando conciencias, donando dinero para sus causas, empujando, picando, escarbando. Yo no soy letrado y lo poco que sé lo aprendí pensando, limpiándome el cerebro, poniendo las piezas juntas. Le gustaba traerle libros a doña Eulalia y le explicaba, le contaba las posibilidades. Doña Eulalia no era una mujer de cultura, apenas si leía de corridito, pero Samuel se sentaba, le exponía las cosas, le hablaba de nosotros, de lo que es la pobreza, de la concientización y estoy seguro que hasta la Manolita entendía porque se había pasado su vida tragando frijoles y sopas aguadas. Ella lo único que quería era que a ninguna mujer le pasara lo que a ella.

Doña Eulalia era una mujer con el alma inflamable desde que el canalla de Gregorio la traicionó. Siempre callada, ajusticiando caídas. Yo le doy las gracias a Dios que me dejó ser testigo indirecto, porque los muertos merecemos verlo todo por haber pagado ya el boleto. A mí el cáncer me abrió todos los sentidos, como cuando uno es joven y está fascinado. Ustedes saben que yo vivo al lado izquierdo de doña Eulalia, que en paz descanse. Ayer ya más bien en la tarde, Samuel llegó a verla. Tocó insistentemente como si quisiera tumbar la puerta.

Samuel González se restregó las manos como si hiciera frío, y la humilde corriente de aire, proveniente de un abanico destartalado, se sintió avergonzada. Le dió mil vueltas a sus pensamientos, se arregló la garganta, mató con sus botonas tres caramuelas sensuales, y tuvo que sacar fuerzas del fastidio para enfrentar el silencio de aquella mujer vieja, con sus piernas lamosas de pomada descansando en la mecedora, y sus ojos preñados de avidez. El pecho se le hinchó exageradamente y le soltó un patético Gregorio Galván ha muerto.

Anoche levantaron la voz. Se oía con todo y el abridero de cajones que se traían. Estuvieron peleando por algo de dinero. Primero en voz bajita, con tono de inglés de las vistas y luego el cowboy comenzó a resoplar bien fuerte hasta que ya no aguantó y le gritó sus tres palabrotas en español y los ojos de la Lala se llenaron de agua. El pelado ofuscado le confesó todo. Que sus cosas de hombre no explotaban de amor cuando la veía, que su acento de gringo y sus frases de gringo eran nomás para hacer soñar a lo obscuro con retintes blancos, que aunque el Gregorio se acababa de morir por canijo, él también la hubiera dejado por cualquiera, que era una mujer fea, que sus traseros arrastraban el piso, que todo era un juego para sacarle el dinero, porque una vieja coscolina como ella no merecía el salario de fregadora de pisos, sino el de vender sus ruinas tatemadas a vivales listos, que revivieran a un Gregorio que toda la vida hasta el último día, se la pasó suspirando por las curvas de Adelaida.

Estaba desesperado, el cabello revuelto. Miró a doña Eulalia como si fuera el último material de salvación, y le endilgó en sollozos la tragedia de su hermano asesinado por Gregorio en un pleito de ésos que es mejor ni pensar, y la detención de su hermana acusada de matar al atacante de su hermano, en una nube de humo que cegó a los testigos. Necesitaba dinero para pagar la fianza, pero era una cantidad muy fuerte. Dios sabrá si doña Eulalia entendió de raíz lo de la concientización, pero rebuscó en los cajones bruscamente despertando el sueño de los enfermos, y le entregó lo que tenía, que no sacaba ni una mano de la detenida.

Se ha muerto Gregorio. Todo se volvió intangible. Levantó del suelo a Manola que buceaba en la pesadez de la atmósfera, y la apretó con furia. Manola no se quejó. Casi automáticamente se condujo a la cocina a llenarle a Samuel una bolsa de víveres y le entregó dinero. Quiso consolarla porque nunca vió tanto dolor en unos ojos de antaño, pero ella le dió las gracias parca, reticente, deseosa de estar sola y verlo alejarse con la muchachita preñada que lo esperaba siempre a una cuadra de la casa, compartiendo hambrientos, contando a carcajadas, las cosas que una mujer con cara de hombre les regalaba, por saber del mustio hombre de la Adelaida.

Que lo pior de todo es que era una vieja sola, sola sin ninguna gracia para combatir la soledad, que una estúpida vieja retirada lo único que merece es que la tiren al bote de la basura, a que los perros se jamben sus abonos y sus carnes. La aventó con furia y el cogote se le desnucó rapidito contra algún mueble. Agarró a la gatita de la cabeza y le atestó un golpe en la barriga, con sus botonas de cowboy, que le llenó el hocico de sangre y el corazón de vacío.

Lloró mucho. Cuarenta años de trabajo que al fin nadie apreciaba, porque a quién le importaba nada. Cuarenta años de fregarse el espinazo para acabar no alcanzándole ni para pagar la calle. Sintió todo en la cabeza y vió a las gentes del barrio empujando, empujando, cantando en inglés, sacando la cabeza de arenas movedizas, y al Gregorio ya muerto, y Johnny Carson hablando en la televisión, y Manolita maltragando, y el vecino sudando las curas de pera.

Se recordó joven, recién llegada de su propia llegada, parchando con adornos la casa desdentada donde Gregorio Galván decidió instalarse. Gregorio Galván ha muerto. El rostro descosido por el tiempo estalló en lágrimas. Ya no sintió pudor, ni penas castas, sólo un terrible vacío, una nostalgia de péndulo. Afuera llovía. Penso en Samuel. Cinco años de contarle todo lo del Gregorio, qué hacía, qué no hacía, cómo se embarruscaba palabras de traidor, a qué hora iba, a qué hora no iba, cuándo se batía en el cuerpo de Adelaida...quién sabe si no serían mentiras, si no le inventaría cuentos, pero eso no importaba...ella quería oír de Gregorio. Aún si fueran cuentos.

Y salió vuelta loca a la iglesia, chapoteando en los charcos con Manolita en los brazos, subió al campanario porque parecía que lo único que quería era tocar campanas, declarar independencias, hasta que subió el último escalón, se agarró del cordón de las campanas sin saber que a veces las campanas son mudas, y el cordón suelto la dejó caer con Manolita prendida a su vestido verde color de pámpano, para minutos después expirar desnucada.

La tormenta no cesaba. Manolita adivinó el cuerpo de su ama súbitamente liso, sin músculos tensos, sin pezones erizados, el corazón latiendo tranquilo en un vals de hojas muertas. La acarició suavemente.

Era la voluntad divina que se arrastraran punzantes a morir cara a cara al altar de Dios. Descansen pues en el país de los muertos.

Salió de la casa muy tranquilo, como si nada hubiera pasado, con la bolsa del wal-mart llena de provisiones. Vino patrás más tarde, las arrastró a la iglesia en medio de las tinieblas de la media noche, forzó la puerta y las dejó tiradas como vacas de rastro enfrente de Dios.

Ya no lloró. Lentamente envolvió a Manolita en una toalla. Se cubrió la cabeza. Cruzaron la nubarrada, las calles a medio inundar con las hierbas enlodadas enredándole los zapatos.

Gregorio Galván había muerto. Abrieron la puerta de la iglesia y se sentaron solas, apenas las velas de la vírgen encendidas, a rezar por su muerte. Rezaron mucho. Manolita también rezó. Rezaron tanto dolor, rezaron tanto tiempo, que el Señor de señores rebosando piedad se las llevó a los cielos.

La lluvia atenuó un poco. Doña Nelva tirada en la hierba reposaba las tortillas de huevo. Los muchachos miraban perdidos horizontes. El barrio estaba calmado. Las puertas de la iglesia de San Agustín se abrieron pausadamente. El padre Bernardino encabezó al grupo de hombres que llevaban la camilla con el cadáver de Eulalia Galván y su animal. El cura no dijo nada. Tenía los párpados pesados, cabizbajo. La gente bajo el árbol comenzó a acercarse igual que el grupo de gente que se guarecía bajo la cobacha de San Andrés. Todo era silencio. Al pasar, un niño sin miedo destapó el cadáver, y la gente del barrio pudo ver a Eulalia Galván recostada en la muerte, con su cara de hombre levemente abotagada, sudando milagros, y unas manchas moradas en el cuello desnucado, disimuladamente escondidas con un trapo.

*

He vuelto adonde empecé
¿Gané o perdí?

Octavio Paz
VUELTA

EL HIJO PRODIGO

Alfonso Rodríguez

—Ya stufas, Agustín, mejor ai que muera, ¿no? Te estás
pasando de la raya, bato...

Héctor se sintió acosado por la furia incontenible de su
hermano mayor. Procuraba dar explicaciones pero Agustín le
vedaba la palabra. Hacía algunos minutos habían estado Héctor
y su padre preparando el auto destartalado en el que había
regresado aquél después de una ausencia de tres meses. En la
calle, frente a la casa, Agustín lavaba con la manguera la
camioneta de la familia mientras que doña Eduviges recogía
legumbres en la huerta del solar. Héctor había entrado en la
cocina a servirse una limonada para después reanudar su tarea en
el auto, y Agustín, al verlo entrar, interrumpió su trabajo y lo
siguió apresuradamente, aprovechando la ocasión para estar a
solas con él. El hermano mayor se mostraba tenso, agitado, y el
menor sólo manifestaba un agudo desconcierto en la expresión
de sus ojos por la actitud de Agustín.

—¡Qué "ai que muera" ni que ocho cuartos! ¡Si crees que te
vas a salir con la tuya tas muy equivocado, carnalito!

27

—Pero qué trais, Agustín, aliviana la concha, guy. Te pueden oír los jefitos gritando.

Agustín bajó la voz pero no logró calmarse. Parecía una olla a presión repleta de un hervor venenoso a punto de estallar. Sin alterarse, Héctor extrajo una jarra de limonada del refrigerador y la puso sobre la mesa. Después bajó dos vasos del armario, uno para él y otro para Agustín.

—Órale bato, échale una limonada, y vamos a tirar a loco todo el borlo.

Agustín ignoró la oferta.

—Ya es hora de que te vayas haciendo hombrecito, ¿me entiendes? ¿Qué te has creído? ¿La mamá de Tarzán, o qué? A poco porque eres el consentido de la familia ya vas a andar por dondequiera regando la manteca, güey. Pos quiero que sepas que no se va a poder. Tú también tienes obligaciones.

—Cálmala, bato, déjame decirte lo que pasó...

—¿Pa qué? ¿Pa que trates de quitarte la barra, como siempre? No quiero saber ni madre. Nomás pon cuidao a lo que te estoy diciendo...

En ademán de impaciencia, Héctor alzó las manos y se desplazó del refrigerador al fregadero dándole la espalda a su hermano. Divisó hacia afuera por la ventana y vió un cielo de un azul claro y profundo, y pensó que hacía mucho tiempo que no se detenía a ver un cielo así, tan en calma. Dijo en voz alta:

—Fíjate en ese cielo, broda; las cosas más bonitas en la vida son gratis, pero uno las tira a lión. ¿Por qué será?

—¿............?

Héctor recobró la paciencia y se dió media vuelta intentando tranquilizar a Agustín, que se mantenía de pie, rígido y enfadado, con las manos sobre la mesa.

—¿Tú crees que aquí todos somos tus mandaderos, o qué chingados? Cuando tabas en la escuela no podías camellar full-time porque tabas en la escuela. El jale que tenías en las tardes en el supermarket de Lozano lo dejates. Que no, que paga muy poquito, que es más el tiempo que se pierde, que pallá y que pacá. Puro pedo. Eres más güevón que mandao a hacer. Y ora que acabates la escuela te la has pasao de bandolero. Por culpa tuya no pudimos salir este año pal norte. Sabes bien que aquí en Texas en verano no hay ni madre de jale que valga la pena. pero se te antojó irte pa otro rumbo sin la familia, nomás porque te encandilaron esos garrosos camaradas tuyos. Creías que en tres meses ibas a juntar mucha feria, como si fueras la mera verdá. Y ya ves, volvites hace dos días con una mano atrás y otra adelante, muerto de hambre. Allá taba muy alta la canasta de las tortillas, ¿qué no? Ni nos dejaste ir al norte ni ahorraste pal colegio, ni nada. Entonces, ¿pa qué piensas estudiar? ¿Pa pendejo?

A pesar de la dureza de Agustín, en el rostro de Héctor ni siquiera se reflejaba el menor indicio de rencor o enojo. Al contrario, su mirada expresaba una calma inusitada que inquietaba al hermano mayor, cuyo arrebato de cólera disminuía.

—Ya nos habíamos enganchao pa Nortecora pa ir a hacer betabel. Nomás estábamos aguardando tu graduación de jáiscul pa salir de viaje. Pero ¿qué pasó?, te alborotaron el Huérfano y la Copala, y te descontaste con ellos. Te importó una jodida cómo se sintiera la jefita. Y al jefe te lo maderiates muy suave, y acabó dejándote ir. Después de que te largates con ese par de güevones el jefe decidió que era mejor que no fuéramos al norte si tú no ibas con nosotros. Y yo no lo pude convencer de que saliéramos sin ti. Pero lo que más me arde es que aquí yo y el jefe nos jodeteamos todo el verano en la cebolla y en los melones con un calorón de ciento diez grados. Y tú allá en Milvoki, metido en quién sabe qué borlotes con esos vagos. A ver, ¿cuánta feria mandates a la casa? Ni siquiera un centavo partido por la mitá. No sé con qué piensas ir al colegio. ¿Sabes por qué te dejó ir el jefe? Porque tú eres el consentido. Y porque te tuvo confianza. Pero abusates, Héctor, abusates. Debería rajarte el hocico orita mismo, pa ver si se te quita lo güey, o te haces más.

—Sí, Agustín, ya sé que la regué diatiro. Pero por lo menos dame chanza de explicarte... Nomás dame una chancita, broda...

¿Pa qué?, todo lo que haces es quitarte la barra. N'ombre,

29

debería darte vergüenza. Perdiste todo el verano, no trajites ni madre de feria, ni siquiera la que le pediste al jefe prestada pa hacer el viaje. Nomás trajites esa carcacha mojosa que llegó toda desbielada. Y pacabala de joder no es ni tuya. Es de los gorilas camaradas tuyos. Pero te la prestan nomás pa que se la compongas. ¡Qué bonito negocio, chingao!

Al ver la impavidez de su hermano, Agustín trató de fingir sosiego pero se notaba que por dentro hervía de rabia. Arrebató una toalla de secar trastos que colgaba del manubrio del refrigerador, la dobló a lo largo y luego se la dió en su mano derecha a guisa de guante de boxear. Después dirigió a Héctor una mirada penetrante.

—Da gracias a Dios que aquí están los jefitos, si no, te echaba la pompa a andar. Te mereces una buena revolcada por bruto. Ayer supe por el Huérfano que habías caído en el bote allá en Milvoki. Dijo que te habías dado en la madre con un gabacho. Mira, a mí no me interesa saber en qué pedorrón te metites, pero más vale que no llegue a oídos de los jefes. Si no, mira a ver en qué palo te trepas, porque te va a pintar muy mal. Además, quiero que vayas entendiendo que si vuelves a trai ese par de grifos aquí a la casa te los voy a mandar a volar la güila. Yo no sé a qué le tiran esos piojosos sinvergüenzas. Y tú junto con ellos.

—Orale, ya ta suave, broda, te vas pasando de la raya. Ellos no le hacen a la grifa. Serán todo lo que tú quieras, pero menos grifos. ¿Cuándo los has visto fumándola? A ti te consta que no son grifos, Agustín.

—Nomás al verlos uno se da cuenta. Y la Copala no sólo se deja el greñero así de largo sino que además parece joto con ese arete que trai colgado de la oreja. Yo no sé qué es lo que ves en esos batos. Te tienen como embrujado esos chamagosos.

—Es por demás, cuando se te baje el coraje hablamos.

Héctor procuraba ver en Agustín al hermano-amigo, aquel compañero de años pasados con quien se colaba para el río a nadar y pasear en lancha, pero sólo se topaba con un ser cubierto del color de la ira. En un ámbito recóndito de su mente se iluminó una tarde de mayo cuando ambos regresaban del río a casa caminando. Venían cansados y hambrientos. Cruzaban que integraban un cortejo fúnebre se iban alejando, y el sepulturero, un vecino del barrio chicano a quien ellos conocían, se disponía a bajar el féretro que guardaba el cuerpo del Mr. Howland, un viejo maestro que se había jubilado hacía varios años y por cuya clase de sexto grado ambos hermanos habían pasado. Primero Agustín, y después, tres años más tarde, Héctor. Mr. Howland había fallecido repentinamente de un síncope cardiaco. La tarde caía lenta y apacible. Los álamos frondosos del cementerio repartían sombra en abundancia y se oía la algarabía de los gorriones; y a lo lejos, cerca del río, el canto inconfundible de una tortolita. Múltiples coronas florales cubrían el ataúd. Y ahí esperaba la fosa, con su paciencia muda, desmesurada. Al principio, Héctor sintió una especie de pavor, aunque para disimularlo, enseguida empezó a bromear con su hermano y con Mariano, el sepulturero. Recordaba anécdotas del sexto grado en la clase de Mr. Howland. Agustín hacía lo mismo. Mariano accedió cuando los dos hermanos se ofrecieron para ayudarle a enterrar al maestro. Fue en aquel momento cuando Héctor cayó en la cuenta de que Mr. Howland había sido el único maestro que hasta esa fecha lo había tratado con el respeto y la consideración que se merece todo ser humano. Los demás maestros sólo eran piedra de tropiezo en el desarrollo emocional de los jóvenes chicanos. Los menospreciaban llenándolos de complejos que se quedaban arraigados por muchos años. En cambio Mr. Howland no sólo tenía dotes de buen instructor sino que además les daba consejos prácticos. Recordaba también Héctor que aquella tarde de mayo, una vez sepultado el viejo maestro, Agustín se había puesto a repasar en voz alta un poema que en cierta ocasión Mr. Howland le había pedido que memorizara para recitárselo a la clase. "Qué diferente era Agustín entonces," pensaba Héctor. Ahora le dolía tenerlo ahí frente a él como un enemigo implacable. Entre ellos dos se alzaba la mesa de la cocina como un terreno baldío.

—Lo que pasa es que eres un malagradecido, Héctor. Tú crees que no se siente gacho que nos hagas la paradita esa. Antes que se casaran Toña y Gracie te hacían todos los gustos. Jalaban duro pa comprarte ropa, te lavaban, te planchaban, te daban feria pa que fueras al mono. Tú siempre fuites el consentido. Después, cuando se casaron, yo me tuve que salir de la escuela pa ayudarle al jefe a mantener la casa. Con el cuento de que tú querías estudiar jáiscul, sacar diploma. "Pos ta bien," dije, "hago el sacrificio con tal de que estudie." Y créeme Héctor, que lo hacía con gusto. A lo mero macho que sí. Pero bien," dije, "hago el sacrificio con tal de que estudie." Y créeme Héctor, que lo hacía con gusto. A lo mero macho que sí. Pero después me fijé que ya no te gustaba la escuela como antes. Antes te aventabas pa math y pa science, pero después cambiates mucho. En vez de estudiar te descontabas a jugar billar. Empezaste a juntarte con batos como la Copala, que es puro buscapleitos, con el Tlacuache, que es un tantito pior, (por algo lo tienen guardadito allá en la pinta) y con el Huérfano, otro bato de la misma camada. Pero esta vez sí que deatiro te fuites grande...

En ese momento se abrió la puerta y doña Eduviges penetró en la cocina con una bandeja repleta de legumbres. Estaba muy alegre tarareando la melodía de "Dos arbolitos", pero de improviso sintió el ambiente cargado de tensión. Apenado Héctor sólo agachó la cabeza; Agustín permaneció grave y rígido, sin quitar la vista de Héctor. Hubo un silencio embarazoso; por fin Agustín se dio media vuelta y salió de nuevo a la calle sin pronunciar palabra. Con mucha naturalidad Héctor tomó la jarra de limonada, llenó los dos vasos que estaban sobre la mesa y le ofreció uno a su madre:

Tenga, amá, tómeselo pa que se refresque, viene muy asoliada.

— o —

—...lo que importa es estar vivo y con salú, lo demás es lo de menos. Bendito sia Dios porque Héctor al fin volvió buenisano. Si no juntó ni un quinto no l'iase, si acaso se metió en borlotes por allá, pos eso ya pasó a la historia. ¿No te parece, Melesio?

—Dices bien, Eduviges, yo sé que Agustín está resentido porque Héctor se nos fue, y pue que tenga razón, al fin y al cabo Agustín siempre ha sido un hijo muy cumplidor, siempre que lo hemos necesitado ha tenido muy buena disposición. Es un burro pa trabajar en la labor, y nunca se cuartea; ai lo tienes madrugando todos los días. Sí, Eduviges, pue que tenga razón en lo que dice de Héctor.

—Ta bien, Melesio, pero ya no te quiebres la cabeza. A mí me consta que tú los has querido a todos por igual. Lo que pasa es que no a todos les has mostrao el cariño de la misma manera.

Con Antonia y Graciela tuvites que ponerte más estricto, por ser mujeres; y ya ves, mis hijas se casaron como Dios manda, y hasta la fecha, han sido muy buenas esposas. Con Agustín nunca tuvimos dificultades. El siempre fue muy apegao a la familia; no salió fandanguero, como Héctor. Quién sabe, a lo mejor a Héctor lo consentimos mucho porque lo tuvimos a una edá cuando ya una mujer no está en condiciones de tener más hijos. Y uno de viejo se pone tierno con los hijos.

—Así merito es Eduviges. Y sobre todo con Héctor; siempre me viene a la mente cómo por poquito y se nos muere al nacer. ¿Te acuerdas? Nació sietemesino el pobrecito, y pacabala de amolar ni siquiera podía tomar leche de pecho. Ah qué guerra nos dió al comienzo el condenado. Por un pelito y se nos va. Y yo y tú como un par de mulas maniadas, sin poder hacer nada por la criaturita.

—A mí se me partía l'alma nomás de verle sus piernitas tan delicadas, así como popotes doblados. No parecía cristiano Melesio. Parecía más bien un pollito moribundo, luchando por sobrevivir.

—De eso me acuerdo mucho, Eduviges. Se me hace que lo estoy viendo ahí en la incubadora en su pellejito transparente y sus carnitas color de rosa. Por eso cuando iba creciendo yo no tenía corazón pa darle fajazos cuando se portaba mal. Y ya de joven quién sabe que me daba regañarlo cuando llegaba a casa de madrugada.

—Es que Héctor tiene muy buenos sentimientos, a pesar de que ha hecho de las suyas.

—Esta mañana vino y me dijo: "Apá, quiero hablar con usté". Y me contó todo lo que le había pasado en Milvoki. Es más, me dijo que ya había empezado a buscar trabajo aquí en el pueblo y que con su diploma de jáiscul no tardaría en conseguir chamba de dependiente en el Yeisipeni, porque dizque allí necesitan a alguien. Yo me tuve que poner muy firme y le dije muy terminantemente que no, que yo sabía que él tenía muchos deseos de ir al colegio, y que yo lo apoyaba hasta donde me alcanzaran las fuerzas. "Tú nomás aplícate y estudia parejo," le dije, "haz algo útil ya que tienes la oportunidá que nosotros no tuvimos. Aquí las cosas se arreglan de algún modo, no te preocupes por nosotros, tú nomás estudia una carrera. Métele duro a los libros, porque si Dios me presta vida y salú, he de verte bien leído y escrebido." Así le dije a m'hijo, Eduviges, esta misma mañana. Y nomás se le rodaron las lágrimas...

— o —

A raíz de su graduación de la escuela superior, Héctor llegó a la inaplazable determinación de que debía salir del cascarón familiar y buscar fortuna por su cuenta; caminar, correr riesgos, conocer mucho mundo. Procurar resolver ese desasosiego que lo alejaba de su gente. En su mente repercutía la imperiosa necesidad de demostrarle a todo el mundo su autosuficiencia. Además, quería que ciertas personas muy allegadas a él se dieran por enteradas de que estaba decidido a convertirse en un hombre cabal. Ante todo deseaba llegar a un conocimiento más profundo de sí mismo. Varios días antes de concluir los estudios sus circunstancias le produjeron tal ofuscación que se vió obligado a aplazar sus proyectos y romper ciertos compromisos con la familia. Aquello fue algo inesperado, una medida tomada en un momento de desesperación, cuando no tenía a quién acudir. Héctor pensó que si las cosas se iban a arreglar era preciso alejarse de la familia y de aquel ambiente pueblerino de River City que lo asfixiaba. Si le iba bien, en tres meses regresaría, acaso con suficiente dinero para ingresar en la universidad, aunque tuviera que conseguir un trabajo de medio tiempo para cubrir sus gastos personales. Héctor era un joven apasionado y soñador que se entregaba de lleno a cualquier empresa que le llamara la atención. Poseía un intelecto espabilado pero se despistaba fácilmente de sus propósitos. Carecía de disciplina en las tareas académicas, y se distraía a menudo en cuanto a sus obligaciones familiares.

A don Melesio y a doña Eduviges no les cabía el orgullo en el cuerpo pues Héctor era el único hijo que honraba a la familia trayendo a casa un diploma de la escuela superior. Para ellos era una hazaña prodigiosa. Los sacrificios, las penas por las que ambos habían pasado para educar al hijo menor, por fin encontraban su razón de ser en ese documento. No faltaba más, exhibirían el diploma en la sala junto al retrato de Héctor vestido con el atuendo de graduación. Don Melesio veía en Héctor al joven educado que él nunca llegó a ser aunque lo anheló con todas sus fuerzas. Héctor experimentó una honda satisfacción al ver a sus padres tan llenos de regocijo. Sin embargo, él no se sentía digno, ni de los sacrificios que ellos habían hecho por él, que lo había distinguido ante sus compañeros los años anteriores. Ese año las cosas cambiaron de la noche a la mañana. Su relación con Agustín empezó a deteriorarse. Agustín se mostraba hosco; cada vez que hallaba una oportunidad lo agredía, acusándolo de ser un haragán, un mantenido. Al principio a Héctor no le inquietaba tanto que su hermano mayor lo tratara con tal aspereza, pero después, su desasosiego llegó al colmo cuando Margie, su novia, rompió relaciones con él.

Todo ocurrió a causa de un enredo en calidad de broma que les urdieron los compañeros de Héctor. Margie tomó todo muy a pecho y lo acusó de infidelidad jurando no volver a dirigirle la palabra mientras tuviera uso de razón. Héctor busco afanosamente la reconciliación pero sus esfuerzos fueron en vano. Margie y Héctor andaban en un baile de Cinco de Mayo, patrocinado por el Mexican Chamber of Commerce. De repente, el maestro de ceremonias, avisado por los amigos de Héctor, anunció que había una dedicación. Por el altoparlante se oyó a toda voz: "La siguiente selección, el romántico bolero que lleva por título: "Amor, qué malo eres", va dedicada con mucho cariño al joven Héctor Mendoza, de parte de una admiradora del barrio El Avispero, que lo quiere mucho y no lo olvida."

En medio del salón, Margie quedó apabullada, como si le hubiera caído encima una descarga de dinamita. Sintió un intenso chillido en los oídos y una expresión de pánico se dibujó en su rostro. Clavó su mirada en Héctor en busca de alguna explicación, pero éste, azorado, no atinaba a emitir ni media palabra. De pronto, Margie echó a correr hacia la puerta del salón de baile, aturdida, entre las miradas y los cuchicheos de la concurrencia. Dos semanas más tarde se efectuó la ceremonia de graduación, y a los dos días, Héctor se marchó de River City.

— o —

...a veces se me hacía que nunca iba a volver a verte, o si volvía a verte que nunca más me ibas a hablar. Pasaban los días y las noches, and I kept wondering how you were doing. I know, I know... It wasn't that I was lazy or that I didn't care... I guess I was just hurt, like you. That's all. ¿De veras? A ver, dímelo otra vez... That makes me fell real good. Yo también te lo prometo... Así me gusta... No, pos fíjate, como te iba diciendo... Al principio estaba a todo dar, cause I was prettty busy... working day and night, pero después ya me andaba... I got into a real big mess... pero bueno, me sirvió de experiencia. If you have a few minutes... yea, yea I know, you have to help your mom prepare supper... pero dile que nomás un ratito, ¿okay? Quiero platicarte lo que pasó, porque la bola anda rodando por ai y mejor es que yo te lo cuente todo orita mismo... Allright, allright... Well, the bottomline es que la pasé muy mal porque estuve casi todo el tiempo en el bote. Sí, sí... in jail, that's right; la cosa pasó así: cuando llegamos los tres a Milwaukee, yo y la Copala agarramos jale en la misma fábrica y el Huérfano encontró jale en otra, en el turno de noche. Se rayó el bato, le dieron chamba manejando un jeep. Yo y la Copala jalábamos cargando treilas de cajas de latas que tenían chícharo y betabel. ¿Then, guess what? El Huérfano se hizo camarada del mayordomo, un polaco muy buena gente, y luego me consiguió otro jale allá donde él trabajaba. Y me dije: "Pos ya me armé, trabajo en dos turnos, de día y de noche the whole summer y ya cuando regrese a Tejas, pos ya habré juntado algo de feria. El caso es que me pusieron en la máquina de los labels. Hay una máquina por donde pasan todas las latas y se les pegan los labels que dicen: LIBBY'S, después hay una caja por debajo que se está llenando de latas, se cierra sola y sigue por una línea hasta que llega a donde yo estaba, acomodándolas en una pallet. Cuando yo acababa, venía el Huérfano con el jeep y se llevaba la pallet cargada de cajas, y yo agarraba otra pallet vacía y comenzaba a cargarla. Y en eso me la pasaba toda la noche hasta las siete de la mañana. During lunch hour, around midnight, en vez de comer me acostaba a dormir entre las cajas vacías por toda la media hora que me tocaba pa lonchar. No me daba hambre pero sí mucho sueño, y pos así dormía un rato, y poquito antes de empezar de nuevo el Huérfano would come and wake me up. But then, one time, el Huérfano no vino a despertarme, cause he was really busy and coudn't get away. He figured I'd wake up on my own. Pos a la fregada, no me desperté a la hora de comenzar a jalar. Y empezaron a llegar las cajas por la línea y como no había nadie que las acomodara, they were all falling to the floor. Finally, después de media hora me despierto y había un montonal de cajas tiradas en el suelo. Cuando llegué a la máquina de los labels allí estaba el mayordomo, echando pestes.

No el polaco, camarada del Huérfano. No, era el jefe de él, el mero perrón. Un gabachote así de grande, pelón, de cara roja roja. Yo le dije: "I'm very sorry, sir, I fell asleep during lunch hour and I just couldn't wake up on time. I promise it won't happen again. I'm really, really sorry." Entonces él empezó a echarme un chorro de sanababiches y todo el borlote. Me tiró con todo lo que tenía. Yo nomás callao. Se lo aguanté todo, hasta que me dijo: ¡You goddam lazy Mexican! ¡You're nothing but a worthless spic! ¡You're a useless bum!" Y me gritó también otras cosas que no puedo decirte, ni por teléfono ni en persona. Cuando me dijo eso sentí que los pelos del cogote se me ponían de punta. Hijoesú, all of a sudden something came into me that I cannot explain. Me puse amarillo, rojo, azul y de todos colores. Yo le hubiera aguantado todo menos eso último que me dijo. Me insultó bien feo delante de los otros trabajadores even after I had apologized. Me trató como si yo fuera un trapo de fregar. They had told me the guy was a racist, pero no pensé que se soltaría con todas esas barbaridades. Yo no le dije nada, pero me entró un coraje como si estuviera endemoniado. And I just felt I had to do something right then and there. Fui y agarré un barrote de madera que estaba recargado contra la máquina de los labels, le dejé cai un barrotazo en el hombro y se cayó contra el montón de cajas. Y allí le pegué until he was completely unconscious. Todo pasó en un dos por tres; en un abrir y cerrar de ojos. Al gabacho se lo llevaron al hospital con la cabeza rajada y el shoulder blade quebrado. Y así fue como yo fui a dar al bote. Allí pasé el resto del verano. El gabacho después de tres semanas ya estaba en el jale. Todavía no sé cómo pude hacer semejante cosa...nunca en mi vida me había metido en un pleito así como ese. No lo hice por odio ni por maldad. I guess it just made me very angry and I couldn't control myself, you know. I thought that that was the kind of thing that only happened in Texas, but I guess I was wrong. So that's the story. Uhu...I guess you're right...¿Sabes qué? Me acordaba mucho de ti allí en el bote...pasé unos días horribles. Es que me metieron en un corralón donde había de todo, hasta matones que estaban esperando su trial. Cómo me hubiera gustado recibir carta tuya o algo. You know, now that I look back, the whole experience taught me a lot about myself. I don't know if it could have been any different. I left because I was running away from something. I guess in a·way I was running away from myself. Nadie sabía lo que me estaba pasando. Cuando yo y tú perdimos, sentía como que me ahoga- ba So I had no choice but to split. En ese entonces yo y Agustín nomás no, things were rapidly deteriorating between the two of us. And now they're worse than ever. But I can understand very well, yo le he hecho muchas burradas...diatiro he metido la pata. Los jefes no me dicen nada pero Agustín la trai conmigo. I'm at fault, I know. Yo quiero a Agustín porque es mi carnal y es muy jalador y buena gente, pero no entiendo por qué guarda tanto rencor. You Know, that's something I don't have, no me gusta guardarle rencor a nadie. Fíjate que cuando salí del bote fui a ver al gabacho a la fábrica, a ver como seguía. Lo único que me dijo fue que no me quería ver ni en pintura, y pos no me dijo dos veces...patas pa qué son... me desconté de volada. Anyway, yo espero que lo de Agustín pueda arreglarse poco a poco. You know, when I was in jail I had a lot of time to reflect. At first I felt really hurt and misunderstood by everyone...especially by you...¿You think so? It couldn't have been worse than what I experienced...Es que ni siquiera...wait, wait...Es que ni siquiera me dites tiempo de explicarte. El Huérfano y la Copala fueron los de la broma. ¿Tú crees que yo hubiera querido que pasaras esa vergüenza delante de toda la gente? Ni que estuviera loco. Yo nunca he salido con ninguna Chavala del Avispero. Tú eres la única, Margie, de veras que sí. Una vez, una sola vez, me presentaron a una chavala de Asherton en el drive-in, pero era cuando yo y tú apenas habíamos empezado, y no le hice ni guato. De veras, nomás le dije: "Mucho gusto" y luego luego me desconté. Really. Okay...Okay...Bueno, mira, nos vemos en el Busy Bee, at seven thirty. Okay, allí te espero. I'm glad I called you and we got things straightened out. Bueno, pos entonces ai nos vemos. Okay...Take care...Bye.

*

¿QUIEN ES ESE PHIL OCHS?

Luis Maguregui

Robinson sube a la tarima en la semioscuridad, enciende los instrumentos y de inmediato como si tuviera prisa por hacerlo antes de que la iluminación se haga, empieza a teclear la progresión, lentamente, arrastrando cada acorde como si tuviera los dedos empapados en miel, repite varias veces el círculo hasta que Alex interviene modificándolo con los golpeteos espasmódicos del bajo; dos vueltas y David acaricia los tambores apenas audibles hacia el fondo del stage, luego la guitarra distorsionada de Jim parece como si lo cubriera todo, apareciendo al tiempo que se enciende una leve luz azulada. Leves aplausos entre la escasa concurrencia de los jueves. El grupo entero balanceándose en el círculo armónico de fa mayor, más aplausos, aparece Valeria con su eterno cabello negro dividido en dos partes idénticas, acaricia con sus manos el stand del micrófono y canta casi sin cantar:

"The days grow longer for smaller prizes
    I feel a stranger to all suprises
  you can have them I don't want them

I wear a different kind of garment
In my reherarsals for retirement..."

Lentamente el volumen va subiendo, Valeria cierra los ojos y marca el tiempo con su mano izquierda como dirigiendo a una orquesta imaginaria. Ahora Robinson y ella cantan juntos una armonía de dos partes, el volumen aumenta; solo de guitarra, final abrupto seguido de un apagón. Aplausos entusiastas.

—¡All right! Raza thank you so much, We're Santa Fe Avenue Revisited, we hope you enjoy our show... we just did this tune by... well you know Phil Ochs, a guy who, by the way, was born here in El Paso, and...well, he wrote a lot of protest and social kind of songs in the old days...I mean in the sixties...¡All right! let's Rock and Roll...

"I keep forgetin' you don't love me no more..."

En la barra Valeria exhala el humo del único cigarrillo de la noche, fuma menos desde que alguien le dijo que su voz bajaba de tono a causa de hacerlo en exceso, Robinson se le acerca con un vaso en la mano.

—Qué onda

—Cero

—¿Sabes que?

—¿Qué?

—No metas Whiter Shade of Pale ahora mi rey, porque me forzo mucho, al cabo que no hay mucha gente.

—Yeah, we don't have a big crowd tonight

—Thursday fever

—thursday shit

—Charlie dice que tenemos que poner un repertorio más contemporáneo, que no podemos mantenernos con puros oldies.

—Charlie perdió el poco gusto musical que tenía allá en Viet Nam

40

—Anyway, hay que considerarlo, a la gente que viene aquí le gusta tambien oír otras cosas.

—¿Like what for instance?

—I don't know... Steve Nicks, Bonnie Tyler maybe...

—Madonna

—Oh come on...

—Mira Valery, que el cabrón de Charlie no mame, nuestro repertorio es muy selecto y esa es la principal característica del grupo; en todo El Paso no hay nadie que toque a Bob Dylan o a Procol Haurum; además hay mucha gente que le pasa un resto esa onda, lo que pasa es que este güey tiene que promocionar esto, hoy en día no se hace nada sin publicidad, que suelte unos billetes y pague unos spots en la Q y vamos a ver si no viene la gente

—La beautiful people

—Pues... la ex beautiful people si tu quieres puesto que todavía no se mueren

—Todavía no nos morimos.

Robinson camina solo por el estacionamiento vacío en la madrugada, se siente presionado por Charlie que busca maneras para hacerle llegar el mensaje de actualizar el repertorio. Robinson parece ser el único de los Santa Fe que insiste en mantener la línea nostálgica. En los años sesenta sirvió en la base de Guantánamo, en donde no había mucho que hacer salvo trabajo de rutina y escuchar discos de Joan Baez, Dylan, Seeger, Byrds, Airplane, Gratefull Dead y por supuesto Phil Ochs. En el año de 1967 durante un viaje a Los Angeles tuvo la oportunidad de escuchar a Phil Ochs actuar en el Troubadour. Esta experiencia marcó a Robinson para siempre, lo único que se sabe le causó una impresión mayor fue cuando leyó en el diario que Phil Ochs se había quitado la vida colgándose con su propio cinturón. Aprendió casi todas sus canciones, compró todos sus discos comerciales y piratas y cuando integró el Santa Fe Avenue Revisited convenció a todos de que la canción más adecuada para iniciar el show fuera "Rehearsals for retirement" en un arreglo muy especial de él mismo.

Maneja su VW por la Mesa, abre la puerta de la casa con cuidado de no producir ningún ruido, entra en la habitación de los niños y después de besarlos recoge uno que otro juguete del suelo, se desnuda en la oscuridad de su recámara y se acuesta.

—¿cenaste?

—si

—hueles a Riuniti

—Cella

Las tardes son todas iguales en el barrio desde hace mucho tiempo; los chiquillos morenos arman una gritería en un idioma que bien podía ser inglés o español pero que no es ni una cosa ni la otra, patinan en el parque sobre el skateboard imitando al Michel Fox de "Back to the future" que ellos nunca serán; algunos cholos en la esquina ignoran que los "honeydripers" son Robert Plant y sus amigos, la vecina de al lado escucha una y otra vez a Los Alegres del Terán y Robinson mira el barrio desde la ventana del segundo piso en el local de los Santa Fe. Las tardes son todas iguales en el barrio desde hace mucho tiempo, piensa Robinson. Acaricia las teclas del roland Juno-1 y solo él escucha los sonidos, cierra los ojos, balancea el cuerpo a los lados y sólo sale del trance cada vez que toma el cigarro y da fumadas cortas. Más noche en el Club se comporta igual ante el piano, ahora sin audífonos, Jim ejecuta un solo larguísimo entre uno y otro verso de "Knockin' on Heaven's Door" y Charlie desde la barra menea la cabeza.

—The sixties are over man

—no chingues Charlie

—¿qué te pasa man? eres un chicano ¿quién te crees que eres pues?

—no me creo nada, simplemente me gusta lo que hago

—podrías hacer mejor música si asumieras tu identidad latina man

—hago la mejor música que puedo

—Música del recuerdo.

Se amontonan en el VW y después de cruzar el puente de Isleta toman la carretera hacia San Agustín. En la casa paterna Robinson escucha las preocupaciones de la crisis y bebe Tecate. Camina sobre la arena y recuerda cuando en las tardes de febrero el cielo del pueblo estaba cubierto de papalotes, si no fuera por eso también las tardes de San Agustín serían iguales.

"Farewell my own true love, farewell my fancy
are you still owin' me love, though you failed me
but one last gesture for her pleasure
I'll paint your memories on the monument
In my rehersals for retirement..."

En el día el club de Charlie exhibe todos sus defectos; los apagones del cigarro en la alfombra, lo raído de las cortinas, las paredes que piden a gritos una mano de pintura. En el stage, los Santa Fe Avenue Revisited se equivocan una y otra vez tratando de hacerle algunos cambios de ritmo a "For What it's Worth", no se han dado cuenta que un hombre los mira desde el extremo de la barra que da a la puerta de salida; tiene cerca de cuarenta años, viste Levis, botas vaqueras, camisa azul y sombrero, se diría que afuera estacionó un camión de carga. Cuando los Santa Fe logran llegar al final de la pieza sin cometer equivocaciones notables, el hombre aplaude y se les acerca:

—¡Hey you guys, that's a hell of a song!

—Thank you (dice Valeria)

El extraño se acerca sonriente, los demás lo miran divertidos, luego adoptando una actitud seria les dice:

—I want to tell you something... I once had a drink with Abbie Hoffman when the F B I was behind him, The point is... that incident changed my life forever... well, see you guys...

Todos se quedan callados, impresionados por el tono de voz del hombre, que hablaba como si un nudo en la garganta se lo impidiera. De pronto Robinson al darse cuenta que se ha ido, baja corriendo del stage y sale al exterior, busca en vano al vaquero, camina alargando los pasos por la banqueta en una y otra dirección, la polvareda y el sol intenso le impiden abrir los ojos totalmente, después de veinte minutos decide regresar al ensayo.

No habla casi durante la cena, los niños discuten en inglés entre sí, su mujer lo mira inquisitivamente de vez en cuando pero no le dice nada, termina y se pone de pie, enciende un cigarro y sale a la calle, todavía sopla el viento fuerte, camina algunas cuadras hasta el local de los Santa Fe, sube las escaleras y antes de entrar permanece unos minutos en el balcón mirando el barrio. Entra al cuarto de ensayos ahora semivacío por la ausencia de instrumentos, se detiene frente al cartel que anuncia la presentación de Phil Ochs en el Carnegie Hall, lo despega con dificultad mirando como se han pintado levemente las letras en la pared, enciende la luz y se da cuenta de que aunque el poster ya no está, aun se puede leer:

ARTHUR H. GORSON PRESENTS
PHIL OCHS
CONCERT FIRST IN N. Y.
AT CARNEGIE HALL
7TH & 57TH ST., N.Y.C.
FRIDAY, JANUARY 7TH, 1966
8:30 P. M.
TICKETS: 3.75 2.50 2.00

La concurrencia de los sábados es la mejor de todas, parece no haber ni un asiento vacío; en el pequeño cuarto que sirve de vestidor a los artistas, se escucha el murmullo del público, antes de salir a escena, Robinson les dice a sus compañeros que ha decidido no iniciar con "Rehearsals", lo miran con extrañeza pero nadie dice nada acerca de ello.

—¿Con cuál empezamos?

—No lo sé, tal vez "Give Me Some Lovin"

—¿Qué tal "Harlem Shuffle"?

Más tarde mientras ejecutan "Small Circle of Friends" Robinson alcanza a ver en el extremo de la barra al extraño, amigo de Abbie Hoffman, viste las mismas ropas y no se quita el sombrero; el hombre escucha atento y al notar la mirada de Robinson levanta el tarro de cerveza, Robinson no le quita la vista de encima; lo hace hasta que acaban el set. Entonces mientras el público todavía aplaude, se dirige al extremo de la barra; el extraño habla:

—I want to buy you a beer

—Okay I'll have a Miller

Los dos se miran sin hablar, el vaquero con una media sonrisa de borracho, Robinson con cierto nerviosismo; como el extraño no dice nada, Robinson pregunta lo que ha estado guardando:

—¿In which way does your life change after Abbie Hoffman?

—I was in the Yippie in Chicago in 1967, that's all I can tell, the sixties are over, and you're a Chicano, you don't have to carry this weight.

Robinson no comprende nada de lo que le dice el gringo; se empina la cerveza y antes de retirarse pregunta:

—One more question

—¿Yes?

—¿Have you ever heard of Phil Ochs?

—¿Who's That Phil Ochs?

Robinson sube a la tarima antes que sus compañeros e inicia el conocido tecleo de "Rehearsals for retirement". En una mesa Valeria y David se encogen de hombros, en dos minutos ya están todos bajo la luz azulada.

"The stage is tained with empty voices
the lady's painted they have no choices
I take my colors from the stable
In my rehearsals for retirement..."

—¡All right Raza! this was a song by... well what the heck... ¿quién es ese Phil Ochs...?

El extraño levanta el puño izquierdo cerrado desde la puerta, lo deja así hasta que Robinson hace lo mismo, luego se pone un saco azul de marinero, da media vuelta y se va. En el Charlie's los Santa Fe Avenue Revisited le rinden culto a la nostalgia.

*

HISTORIA DE UNA VENGANZA

Fausto Avendaño

Decidido, una mañana me levanté temprano, hice las maletas y me despedí de mis hijas. No sabía por qué derroteros me llevaba la vida desde ese momento, pero estaba seguro que había que emprender el camino. Ya no más el calor de aquel hogar, me dije al alejarme, pero había de estar sosegado, sin la terrible carga del rencor a cuestas.

Mi matrimonio estaba muerto —el cariño destrozado— y yo ya no era el mismo. Yo lo había matado—lo fui estrangulando poco a poco como verdugo cruel. Pero no lo hice por gusto —esa es la verdad— sino porque me vi forzado a la revancha, porque la maldad —el deseo de venganza— me arrastró como un títere.

Todo comenzó hace un año. Yo vivía tranquilamente con mi familia en una ciudad cualquiera, sin más ambición que la de envejecer cómodamente al lado de mi mujer y tres hijas. La verdad es que no tenía de que quejarme. Gozaba de buen empleo, que si no era interesante, pagaba bien. Tenía casa cómoda y amplia, con algunos lujillos burgueses. Era todo un programa de pobre a clase media con dos coches en el garaje y una alberca en el patio. Mi mujer, ni fea ni bonita, era mi único afán.

47

De todas formas, esta vida conyugal, mediocre tal vez, pero siempre tranquila, me hacía feliz. Creía, en mi ensimismamiento ciego, que era uno de los hombres más afortunados del mundo.

¡Vida monótona, burguesa, sin sal ni pimienta! Eso dirían algunos. Pero estaba conforme. Estaba hecho a la idea de que no había otra mejor, hasta que un día, cuando menos lo esperaba, se me juntó el cielo con la tierra.

Por casualidad, una tarde me marché temprano del trabajo, pues había estado con los codos apoyados en el escritorio y la frente inclinada, masajándome las sienes con la punta de los dedos. No aguantaba la cabeza. El dolor me partía el cráneo. Por ello, anulé los últimos negocios del día, di las instrucciones necesarias a mi secretaria y salí precipitadamente.

En media hora llegué a casa. Metí el mercedes en el garaje y me dirigí a la puerta de enfrente. Traté de abrirla, pero no cedía. Estaba atrancada con la chapa de seguridad. Empujé el botón del timbre una, dos, tres veces, pero nadie acudió a abrirme. Tuve que ir al coche a conseguir la llave; abrí la puerta y entré, perplejo.

La casa estaba como abandonada. Las niñas, que a esa hora ya habían salido de la escuela, no estaban en su cuarto. Pensé, sin ninguna malicia, que estarían en la tienda.

En seguida pasé a la recámara a preparar el agua del espá, pues tenía el burgués gusto de pasarme largas horas en agua caliente. A menudo, sobre todo cuando me quejaba de fatiga, mi mujer entraba a darme masajes en la espalda. Es así como pensaba pasar aquella tarde.

Sin embargo, al entrar en la alcoba, me chocó de pronto ver las cobijas revueltas. Reparé en un vestido sobre el sillón y algunas prendas íntimas sobre la cama. Mi mujer —pensé—, con toda probabilidad, se había vestido con prisa dejando una muda de ropa.

En ese momento oí el agua de la ducha. Era mi mujer.

—Ola, ¿estás ahí? —dije.

—Sí...Ahora salgo.

Satisfecho, me quité el saco y lo colgué. Luego pasé al comedor a escanciarme una copa de vino. Pero un ligero ruido en el patio me distrajo. Era como si alguien forzara el portón. Picado de curiosidad, me asomé a la ventana e, inopinadamente, distinguí el bulto de un hombre que saltaba la barda. ¡Era alguien que yo había visto en algún sitio!

Por un momento no supe qué pensar. Pero de pronto me rajó el cráneo la idea de que mi mujer me engañaba. En ese instante sentí el peso de los cuernos y caí sin fuerzas en una silla. Yo no lo quería creer. Me dije que era imposible. Mi mujer—insistí—, pachorra, bonachona, ¡no era capaz de tamaña cosa! Sin embargo, ahí estaban los indicios.

Sin quererlo, de pronto me alcé en la silla, enérgico, gruñendo, y salí disparado. Quería atrapar a aquel hombre, darle de puñetazos y forzarlo a confesar su delito. Pero ya era muy tarde. Apenas distinguí un pequeño carro esport que se alejaba a toda marcha.

Una ira atávica, desconocida, me abrasaba la entrañas. Pensé que si no fuera quien soy, si los largos años de entorpecimiento urbano no hubieran hecho su mella, habría estrangulado a mi mujer con mis propias manos. Pensé, delirante, que se merecía mucho peor. Llegué a imaginarla tirada en la cama, sobre las mantas, sin ningún pudor, mientras el desconocido, con mueca lasciva, le acariciaba los senos. La supuse risueña, con los ojos en blanco, como en un letargo profundo. Fue bajo ese despecho enfermizo que decidí vengarme.

Taimado, logré serenarme. Respiré hondamente, inhalando oxígeno, hasta que quedé aparentemente sosegado.

Hallé a mi mujer abrochándose la blusa, su cabello castaño ligeramente mojado.

—¿Qué tal?—dije con dificultad.

—Hijo, has llegado temprano.

—Sí...

—Pues... como ves, todavía no he preparado la cena. Llegué hecha un nudo y me recosté un rato. Anoche no dormí bien.

—¿Y las niñas?

—Están con unas amigas. Insistieron en visitarlas... como no las han visto en algún tiempo...

—Sí, claro...

No sé si se puedan imaginar la amargura que sentí en los días siguientes. Yo con la cara larga, sin apetito y como si desconociera el idioma. Ella, no sé cómo, lo encubría todo, sin huella de delito. Llegó hasta hablarme con voz tierna, haciéndome una caricia. Yo con un trozo de plomo en el estómago.

Pasé largas noches dándole vueltas al asunto. Repasé mis idas y venidas, los lugares frecuentados, las visitas y colegas, pero los indicios se me escapaban. Había visto a aquel hombre, su bulto, su estatura —estaba seguro de ello—, pero no encontraba su rastro.

Sin embargo, cuando pensé que jamás lo encontraría, que la tierra se lo había tragado, su fisonomía me dio como una bofetada. Estaba en primera plana del periódico matutino acompañado de políticos y aspirantes. Era un burócrata como yo. Un hombre más joven, moreno, tirando a guapo, aunque no dejaba de portar un aire vulgar. Lo había conocido en una reunión cualquiera, de las muchas a las que era obligado a asistir. Había sido un momento, un sencillo momento, nada más. Fue presentado y lo saludamos. Si cambiamos dos palabras fueron muchas. Me preguntaba qué dones o qué hechizos tenía aquel hombre. Había oído decir que era alegre, amante de las fiestas y aspirante a político. Pero nadie lo elogiaba, aunque tampoco había censuras. Como bien dicen, ¡el tipo no olía ni hedía!

De todas formas era él —de eso estaba seguro— y había de tenerlo cara a cara.

Un buen día lo invité a jugar un partido de racketball y, como era vanidoso, aceptó de buena gana. Yo había oído que gozaba de cierta familia entre los colegas y no resistiría el reto de un desconocido. Naturalmente, yo tenía como objeto hablarle del asunto. Quería sondearlo, rebuscar la manera de vengarme, pero estaba desorientado. Quería la venganza, obligarlo a sentir la amargura que yo había sentido, pero no sabía cómo hacerlo.

Una vez terminado el juego, pasamos a tomarnos un trago, pensando que el alcohol me aguzaría la lengua. Una vez servidos, sentados a una mesa, yo me incliné y le dije a secas:

—Sé que eres el amante de mi mujer.

El tipo, al oír tamaña declaración, se atragantó de pronto y comenzó a toser.

Dándose golpecillos en el pecho, dijo con una sonrisa nerviosa:

—Debería de haberlo adivinado.

—¿No niegas que eres su amante?

—¿Amante? No hay que exagerar.

—Como quieras...Sabes a lo que me refiero.

No pudo mentirme.

—Está bien...Sí...es verdad, hubo algo, pero...

—¡Algo! ¿Te parece poco?

Y di un puñetazo en la mesa. El se llevó las manos a la cara, anticipando el golpe. Luego, avergonzado, se arregló el fleco con las puntas de los dedos.

—Lo siento —dijo, algo compungido— No me daba cuenta del daño que hacía. Y tras una pausa penosa, continuó:

—¿Tú quieres a tu mujer?

Yo gruñí algo indescifrable y él prosiguió:

—Supongo que has de quererla...y estoy seguro que ella también te quiere...Lo que hubo entre nosotros no significa nada.

—¿Nada?

La palabra me chocó.

—Qué va—dijo con un gesto de contrición— Fue un capricho, nada más. No hay nada serio entre nosotros. Puedes estar tranquilo...

Tranquilo, me dije a mis adentros. ¡Yo no podía estar tranquilo! Haciendo un puño, le dije:

—¿Qué hubo entre ustedes?

—Nada, ya te lo dije... Nos vimos tres o cuatro veces, pero se acabó... Te lo aseguro.

—¿Está terminado?

—De eso no debes tener ninguna duda. Ya hablamos...Ella te quiere y yo...yo también estoy casado.

Como han de imaginarse, aquellas palabras no eran ningún consuelo. Poco me importaba que no hubiera nada serio entre ellos. No veía ningún mérito en que ella todavía me quisiera. La verdad es que me importaba un bledo que hubiera sido sólo un capricho. A fin de cuentas, los cuernos pesaban igual, el amargor cundía la misma hiel.

No sé a dónde habría parado aquella conversación si no hubiera llegado inopinadamente una mujer a interrumpirnos. Era la esposa de mi rival, una mujer rubia, alta y de contornos agradables. El se puso de pie, seguramente reconfortado, y le plantó un beso en la mejilla. Luego, sin titubear, me presentó como un amigo. Yo a esa altura, sin saber que en ese momento se sembraba la semilla de mi venganza, a duras penas logré balbucear un par de monosílabas. Estaba lívido, como si me hubieran dado un martillazo en la cabeza.

Fue entonces que decidí pagarles con la misma moneda. Había de vengarme con la seducción de la mujer de mi rival. No había otra salida. ¡Era lo justo!

Sin embargo, no fue sin ningún remordimiento que me arrojé al desquite. Sabía bien que la venganza era de cerebros enfermos, ajenos a la razón y que, en el caso ajeno, tal vez lo habría censurado. La razón me dictaba que mi mujer, como todo ser humano, era frágil, susceptible, capaz de sucumbir y que yo debía hacer un esfuerzo por comprenderla. Sin embargo, la maldad, el despecho, ya corrían por mis venas.

Yo sería el seductor, el hombre afable, irresistible, el que a fuerza de voluntad conquistaría a una mujer desconocida. Pero al verme al espejo gemí de desconsuelo. Tenía los ojos hundidos, el cabello raleando y la cara cansada y triste. Aunque no tenía panza, me encontré de la cintura blanducho y curvo del espinazo.

No hubo otro remedio mas de entregarme al club, correr como un forajido, saltar, levantar pesas, sudar y sufrir largas horas de ejercicio. Bebí líquidos, jugos y brebajes; aparté de mi como veneno el biftec, las ricas mantequillas y salzas cremosas. Y acogí, sin entusiasmo pero con firmeza, los sosos nabos, las lechugas y legumbres que parecían convertirse en agua al ingerirlas.

Meses más tarde me encontré enjuto y ágil, los ojos grandes y la mirada firme. Caminaba como un soldado, la espina recta y el vientre sumido. Estaba en forma, me dije, asombrado ante lo que puede la maldad. Y me marché a hacer lo que me había propuesto.

Busqué a la mujer, la acosé, la perseguí con mil dulzuras. Derroché el dinero, el agasajo, las atenciones. Adulé su voz, sus ojos, su cabello, confesé delirar por su cuerpo. Le hablé de nuestras almas, haciendo parangones, metáforas y símiles, buscando nuevos sentimientos. Hice y dije todo lo que a mi ver era preciso, sin escatimar palabras ni acciones.

¡Mucho hace la maldad! La fui comprometiendo poco a poco, hasta que un día, creyéndome seguro, decidí cumplir la venganza. La regalé con suntuosos manjares, atiborrándola de champaña y, en el momento que creí propicio, me arrojé.

Estábamos en un lujosa cabaña, bajo el hechizo amarillo de las flamas de la hoguera. Yo me acerqué como en un sueño y la besé con fuerza, pero sin sofocarla. Ella estaba rendida, como en un letargo profundo. Balbuceando, con ebria sonrisa, se acomodó en mi pecho y cerró los ojos. No quise que durmiera. Con extraño encono, la sacudí de repente a fin de que despertara, pero ella a penas abrió los ojos sin decir nada.

Con manos afanosas, le desprendí la blusa, descubriéndole los senos pequeños y firmes. Y, sin ningún cuidado, le quité la falda y me arranqué los pantalones. Cuando sintió mi cuerpo sobre el suyo, abrió los ojos y dijo:

—Déjame, por favor.

Pero yo ya no oía.

Más tarde, sacudiéndome la modorra, sentí que ella se quejaba y yo contrito, me acerqué a consolarla, haciéndole una caricia que ella rechazó bruscamente. Fastidiado, recogí algunas de mis prendas y le hablé sin mirarla:

—Vaya, ¿ahora te vas a quejar?

—Te aprovechaste de mí.

Yo le contesté, colérico:

—¡No eres ninguna niña! Tú sabes lo que haces.

He de haber estado desprevenido porque no supe cuándo me cayó la bofetada. Perdí el equilibrio y me desplomé en el suelo. Ella evalentonada, se avalanzó sobre mi con las palmas apretadas. Yo no quise maltratarla, pero tuve que defenderme. Cogiéndole las manos, la arrastré un trecho, aventándola con violencia. De pie, con una mano sobre la mejilla, me quedé mirándola unos momentos. Ella se incorporó lentamente, mientras se le llenaban de lágrimas los ojos.

—Perdona— balbuceé, agachándome hasta quedar de rodillas ante ella. Me ha de haber visto la contrición en la cara, pues, al alzar la vista, comenzó a reír a voluntad. Al verla así, tomé consciencia de lo ridículo del momento y yo también reí un buen rato hasta que ella, cambiando de expresión, me acarició la mejilla dolorida y dijo:

—Con que no sepa mi marido.

Me costó mucho mentirle, pero la maldad pudo más. Yo ya estaba decidido en la venganza. Su marido tenía que saberlo. No me importaba que hundiera un matrimonio. Lo único que buscaba era que él también conociera la amargura y el despecho. ¡No había por qué callar lo que me había costado meses de fatiga!

Por ello, días después, me presenté en el club de racketball y lo invité a un trago. El, desconfiado, me dijo, forzando una sonrisa:

—Creo que has venido para decirme algo. ¿No es así?

Yo le clavé los ojos, imperioso:

—Sí, realmente así es.

En ese punto, mi rival se puso pálido y dijo enronquecido:

—Mira...Me imagino que me guardas rencor por lo de aquello...

Yo no lo dejé terminar.

—Nada de eso. No faltaba más. No te guardo ningún rencor.

Estaba boquiabierto. Proseguí:

—Estamos parejos.

—¿Parejos? ¿Qué quieres decir con eso?

—Que tu mujer y yo...

—¿Qué de mi mujer?

—Que hemos pasado unos momentos agradables, entiéndeme.

Dicho aquello y mi rival saltó de su asiento con la ira en los ojos, una mueca de dolor pintada en los labios. Comprendí que lo había herido profundamente. Pero mi triunfo no se realizó sin ninguna dificultad. De momento, sentí que el oxígeno me faltaba. Las fuertes manos de mi rival me apretaban el cuello. Obligado a defenderme, le di un puñetazo en el estómago, y mi agresor cayó sentado sobre un sofá cogido del vientre. Un grupo de mirones se alzó en su asiento, pero yo lo senté de nuevo con un ademán.

En ese momento sentí la maldad imperiosa:

—No es para tanto, amigo —dije— Lo que pasó entre tu mujer y yo no significa nada.

Quería destrozarlo:

—Fue un capricho, nada más. Nada serio. Puedes estar tranquilo.

—¡Maldita! —gruñó.

Rematé:

No digas eso...Ella te quiere y yo...yo también tengo mi mujer.

Luego, di la media vuelta y me marché con lágrimas en los ojos.

*

VUELTA A LA IZQUIERDA

Margarita Tavera Rivera

Así, de golpe, como cuando uno se topa con una puerta de vidrio, así me sorprendí, entre la estufa y el refrigerador, sin saber si iba o venía. En la mano tenía una cuchara de ésas que uso al preparar la comida. Lo más probable es que me dirigiera al refrigerador para sacar algo que sería agregado a lo que cocinaba, también puede ser que venga de la estufa donde acabo de menear lo que cocino y sólo me he desviado y no voy hacia el refrigerador, sino al fregadero. Pero no recuerdo cuanto tiempo llevo aquí parada —¿segundos, minutos, horas, días?

Lo más sencillo sería volverme y ver lo que está sobre la estufa, pero y si no hay nada, tendré que buscar la respuesta en otro lugar, indagar qué hago aquí entre el refrigerador y la estufa, en medio de la cocina si no estoy cocinando.

Ayer me sucedió algo parecido, al conducir el carro, recuerdo que di vuelta a la izquierda, —sé que era a la izquierda porque a mí no me gusta dar vuelta a la izquierda y cuando lo hago siempre estoy muy conciente del peligro. Esperaba que los carros que pasaban zumbando a mi lado— siempre parece que van con más velocidad si vienen de bajada —me ofrecieran un lugar donde yo pudiera hacer mi vuelta a la izquierda. Los carros se despeñaban de los cerros a mi derecha— creo que su elevación es cinco mil pies sobre el nivel del mar. Claro que el descenso no es directo, la carretera, listón asfáltico, se recrea en los faldas de un cerro en otro. Claro que no pensaba en esto al esperar un hueco donde dar la vuelta sino que en esos instantes temía que ellos —como yo— soñaban y le rogaba a un dios forastero que los guiara para que no se fueran a brincar la línea doble y amarilla que supuestamente les avisa del peligro. Pensé que los topecitos —pedazos de metal sobre la línea amarilla— los despertarían, como me han despertado a mí cuando dormito —y sueño que manejo con los ojos bien abiertos. Di vuelta, pasé la primera cuadra y al revisar de un lado de la calle a la otra me di cuenta que iba hacia la casa, pero por un instante no supe en qué pueblo estaba, que iba de regreso estaba claro, ya que no importa a donde vaya —siempre regreso a casa— pero en ese instante no sabía de donde venía, ni a donde iba como si de pronto todas las ciudades fueran la misma y las calles siguieran la misma ruta.

Un ataque de deja vu, donde todo se reconoce pero no se puede situar dentro de un tiempo o espacio personal. La calle parecía conocida, mi estancia en el carro, manejando, era cosa común y corriente pero entonces qué era lo que me causaba esa sensación de confusión, de desorden como de haberme metido en una pintura o quizás haber sido atrapada en un freeze frame de una película sin poder o desear salir. Algo así como la atracción que ejercen los viejos programas que se dejan ver en la tele y que a mí me fascinan. Recuerdo uno de ellos —muy bien hecho por cierto— donde una mujer se integra a la película que pasa en la pantalla. Es la historia de una mujer, gran actriz de los años cuarentas, que a diario se encierra en su salón para volver a vivir los tiempos pasados cuando ella era joven y bella y siempre estaba rodeada de amigos y admiradores. Se esconde allí porque no quiere admitir que el tiempo ha pasado y no desea enfrentarse a la vejez, que la espanta en las caras y cuerpos de los actores que actuaron con ella y que ella rehusa aceptar. Al enfrentarse a ellos los llama falsos y los acusa de tratar de trastornarla. Algunos de sus amigos intentan forzarla a hacer frente a su realidad pero ella los rechaza, regresándose a su cuarto a embriagarse con la felicidad y juventud de sus películas. Al final cuando su amigo, un hombre fiel que parece amarla de tiempo atrás, viene a buscarla ante los ruegos de la criada que no ha podido comunicarse con ella por días y quien se encuentra desesperada al darse cuenta que la señora no ha probado bocado en días. El amigo llega y al no recibir contestación alguna a sus llamados derrumba la puerta y la busca —pero ella ha desaparecido. La película sigue rodando y allí la encuentra él —en la pantalla— ella se ha incorporado al mundo sin espacio ni tiempo de la película y allí vive. Así me sentí al dar vuelta en la calle, como que entraba en un tiempo congelado, un espacio repetido, muy familiar y muy desconocido a la vez. Luego vi el rótulo que anunciaba el restaurante chino, el de los osos pandas, con domicilio y número de teléfono, pensé que debería de llamar, a lo mejor el restaurante no existía, habiendo pasado de la ficción a la memoria o a lo mejor también lo había visto en la tele. Pero acepté la información, di vuelta a la derecha —a mi estacionamiento asignado en los apartamentos donde hacía días nos habíamos mudado.

Pero aquí no es tan fácil, no hay ningún rótulo que me ayude, quizás tenga días aquí parada, sin moverme, sin darme cuenta que el mundo se mueve a mi alrededor. Pero eso sería imposible, los chiquillos hacen mucho ruido, no serían capaces de dejarme aquí sola —sin hablarme por más de dos segundos. Quizás estén afuera, o a lo mejor es domingo o sábado y han salido con su padre —pero y luego ¿por qué estoy cocinando?— el hábito quizás.

Eso ha de ser. Hoy ha de ser domingo o quizás sábado, es que los fines de semana siempre se me esfuman —o se alargan hasta confundirse completamente. Han de haber salido con su padre, irían de compras o quizás fueron al parque para que el pequeño juegue hasta quedar agotado y se duerma un rato cuando regrese.

Yo debo estar preparando la comida para que esté lista cuando lleguen cansados y hambrientos. Quizás sea hora de cenar o a lo mejor de lonchear —no sé. Pero si volteo y veo lo que preparo sobre la estufa, sabré si es almuerzo o cena, pero si no hay nada sobre la estufa— ¿qué?

Este es un momento peligroso. Pero hay que despistar. Podría dejar que la cuchara se me cayera de la mano, luego tendría que agacharme para recogerla y al estar agachada podría mirar con el rabo del ojo hacia la estufa y cerciorarme si hay algo sobre ella o no.

Pero y por qué tengo miedo de enterarme si cocino o no, si no hay nadie en casa y estoy sola, qué importa que no me acuerde qué hago. A quién le va a importar otra mujer más o menos que se pierda. La respuesta es cómica y trágica a la vez —claro que sólo para mí.

Haré otro esfuerzo. Debo de recordar qué hago aquí. Empezaré por lo más básico. ¿Dónde estoy? Estoy en mi casa, reconozco mis cuadros a la derecha, colgados en la pared. Son mis favoritos, ergo; sólo podrían estar colgados en mi casa. ¿Tengo familia? Sí, la recuerdo muy bien —hijos y un esposo y no esposos y un hijo. ¿Dónde están? Lo seguro es que no están en casa ya que el silencio reina. ¿Dónde estarán? No lo sé. Pero su localización no dará respuesta a mi pregunta, ¿qué hago aquí parada entre la estufa y el refrigerador?.

Bueno eso no me ayuda. Debo revisar mi vestuario, allí puede que haya algun dato. Traigo zapatos, que significa que no preparo el desayuno, porque ése siempre lo preparo descalza. Traigo mis pantalones cafés, los que me quedan grandes y tienen un agujero en la pierna derecha, que quiere decir que no pienso salir, porque con esos pantalones no salgo a la calle. A mí no me importa andar en la calle con agujeros en los pantalones, pero es que los que me ven se molestan —como si fueran ellos. Sucede lo mismo cuando se muere alguien. Todos llorando como si les doliera. La verdad es que lloran por sí mismos. Les entristece que les recuerden su mortalidad y lloran como si fueran ellos los muertos— algún día serán. Traigo una camisa de mangas largas, dato que indica que ya lavé los trastes, porque no me gusta que se me mojen las mangas. En las bolsas no encuentro nada. Todo indica que ya me bañé. De todo esto puedo deducir que es tarde ya pues estoy bañada, vestida, y ya fregué los trastes. Pero regreso a la pregunta de antes —¿qué hago aquí entre la estufa y el refrigerador? Ya estoy como la burrita de la canción, que "un paso pa' delante y otro para atrás" y a ningún lado llega.

Me sentaré —puede ser que recuerde lo que sigue aunque no recuerde lo que pasó.

*

CARTAS A ENRIQUE

Jesús Rosales

Bus Station
Santa Barbara, Calif.

Enrique:

¿Qué es lo que ofrece esta ciudad que tanto atrae a extranjeros? Ha sido siempre para mí difícil comprenderlo. Yo, claro, vine a vivir aquí porque mi papá trabajaba en esta ciudad. Nunca he podido preguntarle a mi padre la razón por abandonar su trabajo en los ferrocarriles mexicanos. Se puede decir que me he acostumbrado a no preguntarle nada desde hace tantos años que ahora hasta siento vergüenza hacerlo. He tenido curiosidad porque me explique lo de esa foto que nos mandó una vez desde este país. Estaba parado cerca de la barra de un restaurante aparentemente de lujo. Lucía un chaleco rojo, una camisa blanca con un fino moñito rojo decorándola. Usaba lentes oscuros. Sonriendo su boca se aproximaba a un micrófono que delicadamente cargaba mi mano derecha. Se veía muy elegante mi padre. Se veía importante. De categoría. Me imagino que le iba tan bien que no quiso regresar a México y ahorró lo suficiente para mandarnos traer a la frontera. Desde entonces vivimos en Santa Bárbara. Pudo haber sido Sacramento u Oxnard pero no fue así. Uno de sus amigos le ha de haber ofrecido alojamiento.

Es curioso Enrique, pero esta ciudad, a pesar de que yo haya estudiado aquí por tantos años y de haber vivido en la misma casa por casi veinte y dos y de haber tenido amistades con compañeros por casi el mismo número de años y, sobre todo, haber caminado por toditas sus calles, esta ciudad no ha hecho ningún intento por ofrecerme una humilde mirada. Por lo menos un fingido coqueteo. Su cuerpo, ostensiblemente cruzado de brazos, ha permitido en mí la formación de una islita humana transportada cotidianamente en carritos Chevrolet y Converse tennis shoes.

Ya te había mencionado mi viaje a México antes de que tomáramos los exámenes finales. Fue una lástima no quedarme en la universidad por el verano. Ya ves, regreso a Santa Bárbara y salgo a las dos semanas de estar aquí. Sin embargo tú estarás probablemente deseando estar de viaje en vez de estar batallando con los libros. Pero a ti te dieron el grant y a mí me daban un loan. Nada cambiará en mi ausencia. Los Dodgers seguirán siendo Dodgers.

Regresando a Santa Bárbara. ¿Qué ofrece esta ciudad que atrae a tanto extranjero? Para los turistas su gozo es yacer en la arena de la playa, grill chicken en la montaña y congelarse en su ambiente. Los extranjeros les limpian las mesas y les recogen la basura. ¿Esto es lo que atrae a estas personas? Me voy a México cargando esta inquietud. Sabes, me siento un poco nervioso y con algo de miedo. No me gustaría pensar que un extranjero sale para el extranjero.

Saludos a Ramiro.

Tu amigo,
Carlos.

Bus Station
Los Angeles, Calif.

Enrique,

No sabes la pena que sentí al ver a tantos hombres desocupados, caminando como los tontitos que describe Horacio Quiroga. Sí te acuerdas del cuento, ¿verdad? A lo largo de ambos lados de la Calle Los Angeles los ves. Unos acurrucados en los huequitos de edificios abandonados. Otros formando una línea débilmente chueca para recibir la comida que distribuye fielmente la Midnight Mission. Sus casitas, las cajas de cartón, cuidadosamente dobladas hasta su uso en la noche.

Estos hombres están encarcelados en esta sección central de Los Angeles dos cuadras al sur del City Hall. Claro, hemos visto a algunos allá por Santa Mónica y Venice, y hasta en la calle central de Santa Bárbara pero no se puede comparar su existencia con esta mini-ciudad de desdichados que aunque no están oficialmente sentenciados a sufrir cargan una injusta pena de muerte en vida. Es curioso pero existen tantos que el departamento de policía, los canales de la tele, el alcalde de la ciudad y miles y miles más de angelinos los miran pero no los ven. ¿Te puedes imaginar, Enrique, si un turista europeo quisiera viajar por camión Greyhound y llegara a su destino, Los Angeles? ¿Lo puedes imaginar bajarse del camión, bajar al primer piso de la terminal y abrir la puerta de salida y oler los orines de la calle al son de algún mexicano gritando, "Tijuana, señores, Tijuana"? Si este extranjero decidiera caminar por la Calle Los Angeles rumbo al Union Station, ¿te imaginas lo qué pensaría de este gran país? ¿Haría memoria de la riqueza de California. De la grandeza de Los Angeles. De la astucia del americano por resolver cualquier problema pues no habría visto este europeo películas de vaqueros o de Rambo?

Yo he caminado por estas calles Skid Row y te confieso que nunca me sentí amenazado por el supuesto peligro físico que pueda existir. ¡Tanta es la propia lástima de estos hombres! Sin embargo, haciendo a un lado la mugre y los pantalones rotos, estos hombres sí tienen algo en común con muchos de nosotros. En unos puede ser la soledad, en otros la incapacidad para formarse caminos (¡Undeclared major en el senior year de la universidad!) En fin, todo hombre "cargando su dolor en su bolsillo" como dijo un desdichado del Perú.

La sala de espera ya no está muy ocupada de gente como antes. Ya no permiten personas sin boleto al segundo piso. El camión a Tijuana sale a las dos de la tarde. Me dijeron que este camión cruza la frontera y te deja en la vieja terminal de los Tres Estrellas de Oro. No dejes de estudiar muy duro este verano.

Salúdame a Ramiro.
Tu amigo,
Carlos

Enrique,

El viaje a Tijuana fue algo aburrido. Saliendo de la terminal el chofer habló por el portavoz acordándose de las reglas de la compañía: "Se permite fumar, y sólo cigarrillos, en las tres últimas hileras de los asientos de atrás"; "No se permite cruzar la rayita blanca y hablar con el conductor"; "Pueden tocar su grabadora o radio sólo con el uso de audífonos". La gente por lo general obedece las reglas. Me senté al lado de la ventanilla de lado derecho del camión y me quedé dormido un poquito más allá de Anaheim, dolorosamente mareado de contemplar toneladas de concreto y de acero transportado en bolitas de hule.

El camión paró brevemente en la frontera mexicana mientras que los gendarmes mexicanos revisaban pasaportes y permisos. Bajaron a algunos mexicanos que obviamente se veían nerviosos. Hablaron con un hombre dentro de una oficina. Revisaron una petaca enorme. Quién sabe de qué hablarían. Los hombres subieron visiblemente desahogados al camión y el chofer continuó a su destino. El camión paró en la vieja y casi fenecida terminal de los Tres Estrellas de Oro. La única función de este lugar es de transportar a los viajeros a la central camionera que lamentablemente, para los pobres de esta ciudad, fue construida a las afueras de la ciudad. Aún más lejos del aeropuerto.

No sé si conoces la nueva camionera de Tijuana. Es un edificio grande, largo, que alberga a muchas líneas de camiones que vienen de muchas partes de México. Tijuana en cierta forma es su fin del mundo. El edificio puede ser impresionante pero así como la Calle Broadway en el centro de Los Angeles, el descuido enmascara su importancia. Se convierte en algo absolutamente funcional. No te niego que esto es lo que busco en México. Lo inesperado es fascinante. Sé que la gente sufre pobreza económica pero yo gozo en ver a un niño vendiendo chicles o a una señora, amante de 'Santo', tratando de convencerme que su cachito de lotería será el ganador.

Tardo unos minutos para ajustarme al ambiente de la camionera. Parado en línea para comprar el boleto a Mazatlán me siento más y más ligero. Como si unas cadenitas finas se deslizaran de exclusivas partes de mi cuerpo. Observo todo. Compro mi boleto. Tercera hilera asiento número doce, ventanilla derecha. Compro unos cuentos y dulces. Voy al baño y por veinte minutos me siento en la sala de espera.

Aquí va la diferencia más contundente entre camioneras. En Los Angeles cuando compré el boleto subí al segundo piso a la sala de espera. La gran sala no tiene ventanas. Sólo puertas numeradas del uno al veinte y ocho. Si no tienes boleto no te permiten subir a la sala de espera. Allí te sientes aislado, sofocado. La vida pierde significado. Es irracional. En Tijuana la camionera vibra con vida. No conoces a nadie pero sientes la capacidad de amar a cualquier hombre o mujer. No es muy saludable pero tiene sentido tomarse una Coca Cola en el desayuno o en la cena. Tiene sentido gozar de los placeres simples de la vida sin pensar en los daños a los pulmones o a los dientes a causa de cigarrillos o del azúcar. Aquí en Tijuana puedo respirar. Y respirar profundamente. Me gusta. ¡No sabes cuánto me gusta!

Enrique, ya parece que anuncian la salida de mi camión. No aflojes en las clases. Cuídate mucho.

Tu amigo,
Carlos

La Frontera/Aduana
Sonoita, Sonora

Enrique,

Sonoita es la primera gran parada del Tres Estrellas de Oro. Es el lugar donde la aduana mexicana nos baja para revisar nuestras identidades y nuestras petacas. Al abordar el camión en Tijuana, Sonoita es la palabra que palpa en el pensamiento de cada pasajero. Durante el camino a Sonoita todos hablan y respiran esa palabra. Se oyen relatos, melodramas y corridos de hombres que se enfrentan a los gendarmes y luchan por un permiso de entrar a su propio país; de viejitas que no les permiten cargar con dos velices porque ellos juzgan que sólo necesitan uno; de señores que han pagado a estos hombres del desierto treinta o cuarenta dólares por un radiecito portátil que les costó quince dólares en la Thrifty. Para la mayoría de los viajeros Sonoita significa ansiedad y temor. Humillación, abuso y falta de dignidad por parte de estos Mexican toads, representantes de su gobierno. Todo viajero del norte sabe que el viaje a México en verdad no se inicia hasta cruzar por Sonoita. Sonoita se convierte en el infierno que te encamina a la gloria.

Salí de Tijuana a las nueve de la noche precisamente para pasar por este 'infierno' en la madrugada y no perder tanto tiempo en la revisada. Al aproximarnos a Sonoita el camión bajó el volumen del radio y disminuyó drásticamente la velocidad. El silencio en el camión me permitió escuchar el rezo de una señora y la breve maldición de un hombre. Se notaba el nerviosismo de la mayoría de los pasajeros. Después de recibir instrucciones de un gendarme que subió al camión yo me preparé para ser el primero en ser revisado. No tenía que recoger ningún veliz de abajo del camión así que lo logré. Fui el primero en abrir mi mochila a este sinvergüenza que me exigía cien pesos antes de hacerlo. Por supuesto que no se los dí. Yo abrí mi mochila y le dije que me revisara. Ya pasada la prueba enfadado me señaló la salida. Yo, también molesto por participar en este PRI-preparado teatrito, salí a tomarme un refresco. Sabía que los otros pasajeros iban a tardar un rato en ser revisados pues cargaban con petacas llenas de radiecitos y juguetes.

El refresco me cayó muy bien pues hacía mucho calor. Esto de Sonoita me ha puesto a pensar en la falta de control que tiene el gobierno mexicano en sus instituciones policiacas y aduanales. Parece que su actitud y negligencia no ha cambiado desde cuando Texas y California le pertenecían. Lo peor es que su lucha ahora no es con el gringo sino con su propia gente. Para esto, Enrique, no vengo muy bien preparado. Hemos leído bastante sobre las sinvergüenzadas del gobierno mexicano pero hemos dicho que la gente es diferente. Que por ella sí vale la pena luchar. Y en efecto, veo que la gente es una cosa y eso que la representa es otra. Pero te confieso que no sé si estoy preparado para separarlos el uno del otro. Necesito hacerlo. Lo sé. Pero, ¿cómo? En esto he fracasado con los anglosajones de los Estados Unidos. ¿Será esto un defecto mío? Hasta luego.

Tu amigo,
Carlos

Enrique,

Permanecimos en Sonoita por más de dos horas. Por lo general no nos fue tan mal en la pasada. Las personas que les quitaron ropa, radios o dinero dijeron que les podría haber ido peor. Total que amanecimos en Navojoa algo desvelados y con tremenda hambre. El chofer anunció que paraba media hora para desayunar. Desahogados y con la confianza de no gastar más dinero en multas o mordidas la gente bajo del camión. Todos bajamos. Unos pasajeros se quedaron a desayunar con los choferes en el restaurante de la pequeña terminal. Otros salieron a la calle a buscar el más cercano puestito de comida. Yo fuí a la esquina a comprarme unos tacos de asada y un refresco y regresé lueguito a la sala de espera. Este miedito de que me deje el camión nunca se me ha quitado. No te rías, Enrique.

No dejo de pensar en la última plática que tuvimos en 'Arlene's'. Te comenté que tenía un gran deseo de visitar a México durante el verano. Me acuerdo que me preguntaste por qué. No pude contestarte. Sólo te dije que tenía la necesidad por hacerlo. Pero, fue más que eso, Enrique. Ando en busca de alternativas. ¿Ya se complican las cosas verdad? Esto me recuerda mi primera cita con el consejero John Díaz antes de entrar a la universidad. Me preguntó, "¿Qué carrera te gustaría estudiar?" Le respondí que en ese momento no lo sabía. "No te preocupes" me dijo, "sólo tienes diecinueve años, es normal que no lo sepas todavía" (A mí no se me hacía tan normal pero acepté lo que me dijo). De su estante de libros sacó un catálogo de oficios y carreras. Me pidió que lo repasara y así me diera una idea de lo que podría interesarme. Empecé a hojearlo y descubrí una pléyade de alternativas. Salí de su oficina más confundido que nunca. ¿Será esta busca, ahora, algo similar? Con ganas de poder hablar contigo me despido por ahora. Hace unas cartas que no le mando saludos a Ramiro. Hazlo por favor.

Tu amigo,
Carlos

Enrique,

Esperaba escribirte desde Mazatlán pero el camión paró en un restaurantito en las afueras de Los Mochis. El chofer nos dijo que tomáramos nuestros 45 minutos para la comida ya que tenía que llenar el tanque de gasolina del camión y darle una revisadita al aire acondicionado que hasta el momento no funcionaba bien. No tuve mucho apetito y me comí unas empanadas de calabaza con un Peñafiel de fresa bien helado. Hacía mucho calor. Calor húmedo. Subía mucho polvo de la tierra. Polvo seco. Polvo que se metía a mis ojos y me hacía llorar. Polvo que se pegaba a mi nuca y me raspaba.

Vengo sentado al lado de un señor de Nayarit que se llama Carmelo Macías. ¿Te acuerdas de mi Tío Kiko? Pues físicamente es casi igualito a él. Chaparrito, delgado (algo huesudo), muy conciente de su uso de ropa y del cuidado de su cara. Le gusta mucho platicar a este señor. Más sobre su vida. Ve en mí a un joven que necesita consejos y siente que es su deber adiestrarme a la sabiduría de la vida. Habló mucho sobre amores fieles e infieles. Habló de sus hijos; de lo trabajador que es; del respeto a los padres; de la injusticia del gobierno; de la música de antes (Los Dandys). Tuvo oportunidad de hablar de muchas cosas. Total, no creo que llegó a decirme nada nuevo. Sólo afirmó lo que mis tíos o padres me han aconsejado. Pero ¿sabes lo que me impresionó de este hombre? Me impresionó su manera de sentarse en su asiento en el camión. ¡Se veía tan cómodo! Cruzaba sus piernas, alternándolas cada quince minutos. Sacudía con elegancia las cenizas de su cigarrillo que caían al azar en su calcetín. Fumaba con un gusto que apetecía entrarle al vicio. Saboreaba sus tacos como si fueran sus últimos. Este hombre se sentía dueño completo de su situación. Totalmente confortable en su ambiente. Me dijo que venía de Oxnard, Calif. Me decía que ya la agricultura allá ya no es la misma como antes. Va dándole campo a las fábricas. ¿Es cierto, Enrique? Sólo me interesó preguntarle una cosita: "Y dígame Don Carmelo, ¿piensa usted quedarse en México o piensa regresar a trabajar a los Estados Unidos?" No contestó luego. Su pausa fue interminable y yo ansiaba palabras. "Mira muchacho" —me contestó—"El error más grande de mi vida fue venirme a los Estados Unidos. He formado en mi vida un círculo vicioso. Deseo trabajar, ser individual y vivir la palabra justicia en todos sus aspectos. Busco esto en México y añoro a los Estados Unidos. Regreso a los Estados Unidos y lloro por estar en México. Es un círculo vicioso con doble sufrimiento. Me hubiese gustado haber aliviado un poco el dolor quedándome en un sólo lugar. En mi caso no fue una necesidad salirme de mi casa en Tepic. Yo no necesitaba dinero. No puedo contestarte tu pregunta. No tengo la capacidad para cumplir un compromiso de esa magnitud".

El señor Carmelo tiene unos cincuenta años de edad. Su respuesta despertó en mí aún más inquietud respecto a mi venida a México. Sabía que visitaría a mis tíos y a mis primos pero había más que eso en este viaje. Y esto es lo que me inquieta. ¿Qué busco, Enrique? ¿Qué crees exactamente que es lo que busco al venir acá? Cincuenta años no es edad apropiada para pensar en esto y no quiero esperar para encontrar respuestas a esas alturas.

Tu amigo,
Carlos

Central Camionera
Mazatlán, Sinaloa

Enrique,

Mazatlán es un punto importante para los viajeros. Esos que compraron su boleto a Guadalajara pasando por Mazatlán empiezan a sentir más y más los aires de su tierra. Miradas de anticipación desbordan sus caras. Esos que suben camiones para el norte también sienten anticipación pero no tan dulce como los que viajan al sur. La de ellos está mezclada con algo de miedo. Para otros Mazatlán es su parada. Muchos han llegado a su destino; probablemente ésos que vienen de Cd. Obregón o de Los Mochis o de Tepic, Nayarit. Para mí Mazatlán es una parada de tránsito. Tengo que transbordar otro camión que cruce la Sierra Madre Occidental y me deje en mi destino, Durango.

Llegamos a Mazatlán a las 8:30 de la mañana. Me despedí de Carmelo Macías y bajé del camión cuidando no pegarle a nadie con mi mochila. Había mucha conmoción en la camionera. Señores recogían basura. Muchachos colocaban escaleritas para lavar rápidamente los parabrisas de los camiones. Viajeros subían camiones de muchos colores. Rojos, azules, amarillos, verdes. Unos decorados con estrellas. Otros con venados. El que me llevaría a Durango anunciaba que tenía conexiones con los Greyhound en Cd. Juárez/El Paso.

Ahora que me acerco más a mi destino no dejo de pensar en las posibilidades que se me abren. ¡Tener la oportunidad de regresar a un lugar mítico que por fin lo convertiré en realidad! Te confieso que me siento nervioso y quizá con algo de miedo. Para entender el presente—dicen—tiene uno que comprender el pasado. Yo busco un futuro ¿Podrá esta busca ayudarme? Enrique, estoy tan lejos de ti pero ya oigo tus palabras, "mental health".

Central de Camiones
Durango, Durango.

Enrique,

Si yo te dijera que he llegado a mi destino y me siento tremendamente solo y necesito de ti y de Ramiro sería un understatement. Todo el camino he venido pensando en la llegada de este momento y ahora que el camión cruzó por la ciudad y descansa en la central camionera no sé a dónde ir o a quién llamar. He llegado al lugar mítico que ahora es realidad. Miro a mi alrededor y veo mi cara en muchos de los trabajadores de la camionera. Soy yo el vendedor de carnitas en el puestecito de afuera. Soy el taxista que en un rato me transportará a la casa de mis tíos. El niño que vende chicles se parece al retrato del niño que mi mamá carga en su cartera. La muchacha de las trenzas es mi hermana y su madre es mi madre. Todos mis tíos y primos son los pasajeros y aunque no cargan mi cara se parecen mucho a mí. ¿¡Te puedes imaginar todo un edificio ocupado de hombres chicos y grandes, gordos y flacos, jóvenes y viejos, usando mis ojos, mi pelo y mis dientes!? Esto es lo que veo aquí en la camionera de Durango a las seis y media de la tarde. Mi jornada termina en esta camionera. Afuera en la calle me espera algo nuevo y diferente. Lo siento llegar a mí como la lluvia que cae en estos meses. La pluma morirá cuando mis manos se sientan libres de atrapar un puñado de aire mexicano que presiento me transformará en otra persona. Empecé esta carta pidiéndote compañía. ¡Qué cobarde me iba a portar, ¿verdad?!

No es necesario despedirme de tí. Ya llegará el momento cuando platicaremos de nuevo en 'Arlene's' o quizá en otro lugar similar. Me imagino que terminarás el programa de verano con éxito. Necesitas hacerlo. Caminarás por Bruin Walk con la esperanza de por fin terminar el próximo año la universidad y darle duro a las solicitudes para facultades de medicina. Después pensarás en lo bueno que te portarás con la gente del barrio que irá a ti con fe de recuperar su dignidad humana. Yo estaré caminando por las calles de Durango. Caminando por la primaria que me enseñó a deletrear mi español. Caminaré pensando en lo serio que debería de tomar el curso de mi vida. Pensando en mis últimos veintidós años en las manos de mis padres y de mi ambiente. Tanto tiempo para llegar a estas conclusiones. Tanto tiempo, que ruego a Dios, no se repita.

Ya casi puedo asegurarte que nunca podré ser la misma persona al regresar a Los Angeles. Ya no me interesaría si nunca llegara a platicar de nuevo con Pablo o Alfonsín. Mis estudios me mantendrán ocupado al igual que mi trabajo (cuando trabaje) pero nunca llegará una culminación espiritual, positiva y total, en mí mientras no sienta la cultura de mi ambiente. Ya he vivido más de veintidós años en la golden California para darme cuenta de esto. ¿Crees que necesito más para 'encontrarme'? No Enrique, si mi cultura no se adapta a mi ambiente, ahora, dudo que mañana lo haga al enfrentarme a jueguitos más sofisticados de la sociedad dorada.

No sé qué me espera aquí en Durango pero por lo menos he sentido una tremenda curiosidad por caminar por sus calles con la esperanza, quizás, de encontrar algún huequito donde pueda depositar, perpetuamente, algo de mí. El azar, Enrique, el azar. ¿Qué control en verdad tenemos sobre nuestras vidas? Deséame suerte, amigo. Mi destino puede que esté en tus pensamientos.

Eternamente agradecido
Tu amigo,

Carlos.

*

EL TONY

Hilario Gallegos

—Se murió Manuel y te lo digo porque sé que eran
amigos— dijo la gorda vestida de negro dirigiéndose a Francis;
a mí él siempre me ha sido antipático y creo que el sentimiento
es mutuo, por eso me ignora. —¿Cómo es posible si lo vimos
hace poco y él estuvo en mi casa?— preguntó la Francis.—Pues
vino su mamá de Sinaloa y le pidió ayuda a Rafael para que le
consiguiera un permiso para cruzar al otro lado, falleció hace
tres días y lo enterraron ayer— contestó la gorda con gusto
velado y anticipando el efecto que iba a lograr sabiendo lo cuate
que somos. Yo escuché con atención y con desinterés fingido,
pagué los dos dólares de la entrada que en esta ocasión estaba
recogiendo la gorda y me fuí adentro.

Allá adentro no había mucha gente todavía, estaba el
bartender que como de costumbre me sonrió entre afable y
coquetón, vi a la Güera tan pintada o más que lo habitual quien
trató de sonreírme pero la sonrisa se le convirtió en mueca y me
miró interrogante o sapiente. Vi a un tipo diferente en la caja,
desde donde tantas veces el Tony me recibió con su sonrisa
amplia y picaresca, que me vió sin interés y hasta altanero. Veo
también al Barón, quien ha vivido en San Fra y en Los y que
por alguna "onda" ahora tiene que vivir aquí; dice el Tony que es
buena onda pero que no me fíe mucho de él, quien de lejos me
saluda con una caravana. Veo al "primo" de Tony, quien yo

creo fue el que rajó, tratando de ignorarme reconoce mi llegada con una muy ligera y muda inclinación de cabeza. La Francis y yo cambiamos los boletos de entrada por un trago y nos sentamos cerca de la reducida pista de baile que sirve como escenario, donde a las 00:30 y a las 03:00 de la mañana —¡Es tiempo de variedad!— y "les boys-girls" repiten sus conocidos numeritos con sus ya muy conocidos atuendos.

Con un inquieto malestar de duda indagué; allá adentro le pregunté al Barón, uno de los meseros que conocía al Manuel y que sabía de nuestra amistad. Sólo pudo establecer que eso es lo que se rumoraba y no, que no sabía si era verdad; yo me resisto a creer. No hacía mucho, una semana quizá, que Tina y yo lo fuimos a dejar a Los Angeles, y apenas unos días antes de eso se quedó en el apartamento varias veces. Dice Tina que él ya se lo echó y que está muy grande pero que el hermanito le gana, a lo mejor sí, pero el Tony desde siempre se ha visto más machito y más lépero. Nos aventamos a L.A. con el "chiquito" en la mano; como estaba borrascoso y como arreció la lluvia, no había "chequeo" en San Clemente. La oscuridad de la borrasca debió tener su elemento de presagio y de augurio que no supimos interpretar. Yo por mi parte, lo confundí con tristeza por la partida aunque más de una vez le insistí, le propuse que se quedara en San Diego. Yo le dije que se saliera de la casa de la Francis y se mudara a otro lugar pero aquí mismo en San Diego. Yo sabía de su caída en Los Angeles y me sentía muy contento de su recuperación y de su alejamiento del desmadre así como de la actitud sana y de la responsabilidad que demostró para con su hermano, su afán en sostenerlo para que terminara la escuela, y veía con temor su inclinación a la aguja en estos últimos días. Por todos los acontecimientos recientes yo temía que tuviese una recaída, que según entiendo y sé son las peores, y razoné que éste era mi apremio en retenerle.

Pero la Francis, aunque lo estuvo disfrutando y no quería que se fuera, no pierde su perspectiva. Al creer que se le acababa la plata al Manuel, quien para mí siempre fue Tony y "como no quiere tener problemas" pensaba que eso era lo mejor y así lo creímos todos. Ella no quería que se fuera pero ya le había hecho una "tranza" al Manuel. Para más, Samuel el carnalillo de Manuel, le mandó una carta junto con la ropa que le fui a traer donde le decía que le pegara más pa' dentro porque la judicial lo quería "torcer"; que le achacaban "un chingo" de cosas, que él iba a estar bien y que ya se comunicarían. Luego busqué a la Güera, ella me dijo que eso se rumoraba, pero contrario a lo que dijo la gorda, la mamá había llegado apenas ayer. Esto me dio un respiro. Yo creo más en la Güera ya que parece que le tenía un afecto genuino al Manuel y siempre jaló parejo; además me pidió que si sabía algo se lo dijera. Por sí o por no, me eché varios tragos en honor del Tony y bailotié muchísimo con la Francis quien también se resiste a creerlo y que nomás trae diez dólares.

Ahora sé que fue mi danza-tributaria; me sentía conectado con él y bailé con coraje descargando mi enojo y mi odio contra este bar donde lo encontré después de mucho tiempo. Así lo vengaba del escarnio y de los insultos a los que Rafael el dueño, el patrón y usador, lo sujetara. Este día lo que inicialmente planeamos como una salida breve hasta la medianoche a más tardar se prolongó hasta las seis o siete de la mañana en que después de mi escapada al parking lot con un "baby", regresé por la Francis. Para entonces ella, entre dolor y deseo, lloraba y se abrazaba con el Barón; otro de los pocos cueros deseables en este "bar para familias." La Vera que había venido más temprano y se había marchado volvió de nuevo también en su afán por levantar al Barón, de quien dice que está "muy colgado", a quien ya se había echado antes y de quien sigue "sobres". Fui al baño y cuando salí la Francis y el Barón se habían ido. Me fui a la calle a buscarlos; vi al Barón en la esquina y alcancé a la Francis que muy "cuete" se montaba en el carro del amigo de la Vera quien seguía tratando de convencer al Barón para que se fuera con ella. Pude oír que él le dijo que cuando anduviese sola, que ahora se iba a tomar la del estribo con el policía que cuida la entrada en el otro bar.

Como no es de malos bigotes y siempre me ha motivado, y ya que Francis se iba con la Vera, yo me fui al otro bar para ver "qué se hacía". El Barón pagó un "round" luego yo otro y nada se hizo; regresé al apartamento de Francis recordando que el motivo del "cuete" era la incertidumbre sobre la muerte del Tony. Recordé la bronca reciente y el trabajito de desquite que le hizo el Tony al Rafael. Recordé que lo había cruzado conmigo por la línea de Otay en el carro de Tina. Recordé que anduvimos tranzando algo y "tripiando." Recordé que con la Francis de filtro en un "sandwich" lo tuve. Con lujuria él y yo recordamos después esas ondas tan locas. Recordé la llegada a Los Angeles, su afanoso buscar de "un globito". Recordé su regalo de polvo. Recordé su adiós al llegar con sus primos después del piquete. Detengo mis recuerdos a fuerza porque no fui espectador de su muerte.

*

CUADERNO DE MELLITO

Francisco Alejandro Cuevas

No. Eso no es todo lo que es. Hay mucho más. Hay un grito que muy tarde en la noche entra en mi espina dorsal, un grito feo que baja hasta abajo, de donde me atormenta hasta que ya no soy capaz de sentir nada más que este grito eterno, este grito que no me deja dormir. Y el dolor no es tan grave como el reconocimiento de que el dolor es lo que ya no soy capaz de sentir. Oigo un sonido muy alto que los perros pueden oír.

Tiene que ser todo lo que ha pasado en esta casa, cómo se está portando Mellito en estos días, sentada en el porche hasta muy tarde en la noche, viendo hacia la oscuridad al otro lado de los carros. También tiene que ser ese cuaderno. Ese cuaderno que hallé hoy mismo en el cuartito detrás de esta casa.

Acostado aquí en la cama, los ojos cerrados, imagino mis dedos hoy en la tarde, temblando nerviosamente, volteando las páginas polvorientas de ese cuaderno, escrito por Mellito hace doce años; meses, semanas antes que le pegó el ataque que quitó su voz, que paralizó su lado derecho, dejando su brazo eternamente en un cabestrillo.

Adentro del forro estaba escrito el nombre de Mellito, su domicilio, teléfono, lo mismo en esos años que hoy. Arriba de la primera página vi una fecha, unas palabras:

75

— o —

2-23-72

        birth-
        birthdate

  she he it we

we can be happy

        the meaning of language

— o —

Mi corazón corría. Era Mellito, con la ortografía desordenada, con las palabras sin fin y frases que iban perdidas a ningún lugar. El cuaderno que había comprado para su clase de inglés, verde, de estenografía, páginas rayadas; también una línea profunda, pesada y roja, que corría por enmedio de arriba para abajo, partiendo la página en dos pedazos. En el lado izquierdo estaban las palabras de inglés que el profesor presentaba a la clase, y en seguida tenía traducciones en español, con la ortografía ineducada, letras que ella misma se enseñó a escribir.

— o —

tripy trip
              viaje
    dallalog
saliutachion
sal —
  salutachion
sal u tashun
         articols
            trip to
intellegence
radpidly-
             tommorow
I get to go to the Doctor temm –
tomorrow.   Because

— o —

2-24-72

~~that~~/ is/ to say/   es decir
  what is the meaning?   que quiere decir?
practice makes perfect
    indeed, certainly--   por cierto
  indeed
nowaday   hoy día
   drawing-   el dibujo
     performance   la función
to be worth
equal icual
    same   mismo
as rich as   --(tan rico como
    meanwhile. entre tanto

— o —

El cuarto es un garaje que ha sido convertido en un cuarto donde Mellito duerme. Al lado de la cama hay un excusado portátil. Es el mismo que trajimos del hospital hace doce años, y sus tubos de cromo están polvorientos con óxido. El cuarto tiene el olor de orina y lejía. Cuando entras se puede ver el polvo, tus pasos lo inquietan, puedes verlo llenar los rayos de luz que entran por la esquina de la persiana cerrada; cuelga en el aire, y si aspiras puedes sentirlo entrando en tus pulmones.

— o —

mayo

sementerio	-41.00
pacific finance	-30.43
caza	67.60
luz gas-	40.00
muebles-	35.00
agua	11.00
Maderería	31.36
Botica	13.04
lonches	15.00
gasolina	15.00
	299.43
	15.00
	314.43

Hay algo que me dice que Mellito no está bien —casi no duerme. Se sienta en el porche hasta muy tarde en la noche mientras insectos bailan alrededor de la luz blanca; ve hacia la oscuridad de la calle, a North Santa Fe. Tengo que pedirle muchas veces que entre a la casa hasta que por fin entra, pero no para dormir. Se sienta en el sofá con la televisión prendida, el volumen alto, no haciendo caso a las palabras que le piden que duerma.

"Tienes que dormir", le digo, pero su mano izquierda se mueve en un modo que me dice, "Déjame, no me molestes, déjame sola."

La otra noche después que le dije que ya me iba a dormir, caminó a donde estaba parado yo para persignarme, y sus dedos hechos como una cruz pasaron por los movimientos pero estaban confundidos, cuando tocaron mi rostro el orden estaba confundido: "En el nombre del espíritu santo, del hijo y del padre..." Me miró, sonriendo distraídamente mientras me persignaba, pero su mano no pudo seguir la persignación que sus ojos y su sonrisa hacían: "En el nombre del padre, del espíritu y del hijo santo, Amen."

Después, estiró el cuerpo para besarme en la mejilla, nada más sentí la sensación de labios húmedos cerca de la oreja por un momento breve. Cuando volteó y caminó pasos irregulares, alejándose de mí, reconocí de pronto que por los miles de abrazos, adioses y persignaciones de los últimos doce años, por los besos incontables que yo había puesto en su mejilla, que yo no había recibido un beso de ella.

Me quedé parado allí, confundido, pensando: "Quizás es porque no se siente agusto con su propia boca; quizá porque el ataque le dejó la boca, la sonrisa torcida."

— o —

4-4-72
rails
  hydrant.   toma de agua
                        also I saw
~~many trees~~
I saw several cars trucks, pickups campers
houses people walking.
across the street saw a telegram office railroad

or dipot)   I saw some men working in
a lumberyard.   many sises of lumber
I saw fenses-   storage and warehouse
mrs. Reyes.   her car in the parking lot
mrs. Reyes also wearing yellow pant suit
mrs. Morehead. yellow pants an white
     blouse
mrs Chavez. had a green dress with
blak shose
   blak shoes.
Mr adams wearing.   wearing green shirt
   and gray trousers

— o —

Quiero gritar un grito eterno.

— o —

enough- vasta o sin salida   el fin de algo.
isnt it so --   no es verdad.
by the way -   a proposito.
   how goes it?   que tal?
moreover
especially.   sovretodo.
   farther an farther   -   mas lejos mas lejos
        likewise - asi mismo   igual mente.
           without-   sin nada
a while longer.   un rato mas..
      good luck.   vuena suerte
   happy voyage   vuen viaje
very glad to see you   mucho gusto en verlo

— o —

— o —

I will not forget   your good
        I will not forget any of your good
advise -- —   yo no olv
I should not know some menu in the
restaurant. shouldn't I?

79

allow me to serve you mr. o mrs.

the gentleman going into the
    outside it continues raining
        outside it continues raining.

— o —

/Sueño --/ Abro la puerta de la sala para encontrar el olor de un ratón muerto envenenado escondido sabrá Dios dónde en el cuarto/ ¿Cuántas veces ha estado parado aquí en esta farmacia esperando las prescripciones? Valium Dilatin Haldol Naprosyn soluciones de agua goteando pastillas de Valium Valium Valium/Más de cinco citas de doctor en un mes quiere decir no más etiquetas egomadas de Medi-cal otro día gastado en la oficina de Welfare (Departamento de Servicios Sociales) esperando más etiquetas los doctores quieren más los doctores quieren más etiquetas engomadas dinero de Sacramento/ Hay un persona muerta viviendo en esta casa/ Mellito se sienta en el porche a veces hasta después de media noche viendo hacia la oscuridad al otro lado de los carros con su mano izquierda tallando su brazo derecho para tenerlo calientito para que corra la sangre— "And Yet These Eyes Are Your Very Own"/ lista: leche, huevos, cebollas, cilantro, papas, tortillas, Ajax de polvo, champú, tinta para el pelo, Clorox Bleach, pastel de durazno/ La oficina del doctor demasiadas revistas "Highlight" "ZooNooz" "Golf Digest" ya no puedo aguantar estos anuncios, no, no más, por favor, no más de estos anuncios que me enseñan todo lo que no es la realidad..../

Acostado aquí con los ojos cerrados, bajo la lluvia que toca el techo, te veo acostada en la cama, oyendo las gotas caer de los cielos.

Veo ese cuaderno verde que escribiste hace doce años, hace media vida, cuando yo tenía doce años de edad, la línea roja que corta cada página por enmedio; nada más oigo esas palabras que construíste con líneas torcidas, ese grito eterno— esas palabras sin "voz".

— o —

4-5-72

do I speak?   ─yo ablo yo.

80

I'm speaking   yo estoy ablando.
You're walking
     he's reading.   el esta lellendo
am I speaking.   I'm not speaking.
~~I was~~ I wasn't speaking.
     were you walking-
you weren't walking
we weren't running
     were you running
          did they dance?
  they didn't dance
  can I speak?
I can not speak
        it can not rain
I could speak yesterday.
     you could walk yesterday

----

*

LA NIEBLA EN TEXAS

José Montalvo

El distante silbido del tren parecía retumbar en el mismo portal de la pequeña casa que habitaba desde aquel día en que mi compañera, dulce, pero enérgicamente, me pidió que me fuera al infierno.

No sé si fueron los problemas personales o el gran deseo de unas caricias femeninas lo que me impedía caer bajo el aliento de Morfeo... Y ahora para complicar las cosas, el silbido de un tren fantasma hacía retumbar los cristales de la casita de madera que cambié por un fin de semana de parranda con los amigos.

Aunque al vibrar de las ventanas y el fuertísimo silbido del tren duraron sólo un par de segundos, la proximidad de éste, me hizo responder medio atemorizado. Me levanté del viejo sofá, el cual servía de cama, para investigar por qué ese silbido del tren había sido mucho más fuerte que en los otros cientos de ocasiones que se había escuchado. Cuál sería mi sorpresa al remover el viejo zarape que lucía como cortina en la ventana, y encontrar la vecindad completamente cubierta por un blanco y espeso manto de neblina: el cual, estoy seguro, era el responsable de amplificar el silbido del tren.

Tanto fue mi asombro al ver la niebla tan espesa, tan blanca y tan linda; que sin molestarme ni siquiera en ponerme el pantalón, salí al portalito pando y angosto para coger un puñado de ésta, y tirarle al primer vehículo que pasara frente a la casa.

Entre más admiraba el fresco y húmedo manto de niebla, más crecía mi fascinación por ésta. Sin pensarlo dos veces, entré rápidamente para ponerme los zapatos. Salí descalzo de nuevo; esta vez para ir a recorrer el barrio, y seguir admirando ese fenomeno natural, el cual yo había ignorado completamente en mis treinta y dos años de vida.

El andar por una callejuela angosta y desierta me hizo por primera vez en mi vida sentirme muy cerca del mismo creador. ¿Y cómo no iba a sentirme cerca de Dios? Si en ese mismo momento caminaba entre las nubes sin dejar de pisar la tierra, la cual, sin el beneficio de la lluvia, lucía una gruesa capa de gotas de humedad; una humedad que sólo el cielo puede compartir con la tierra.

Caminé un largo rato por la misma callejuela poco alumbrada hasta llegar a una calle, la que por ser principal, tenía mucho más iluminación que el resto de las calles del barrio. Nunca me atrevería a decir que la niebla es mucho más bella cuando hay más luz; pero sí era una dimensión completamente nueva y diferente.

Como un chiquillo en su primer día de campo, corrí entre esas nuevas nubes de agua y de luz. La reflexión de los faroles en esa agua vaporizada, era brillante y cegadora; pero a la misma vez, fascinante.

Sin parar, corrí por dos largas cuadras hasta llegar a otra calle también bastante alumbrada. Una vez más, la niebla se volvió un espectáculo completamente nuevo. No sé si fue el cruce de dos calles alumbradas, o los letreros de neón, ya que ésa era una esquina comercial; pero en mi opinión, esa colorida belleza, es solamente superada por la belleza de un arco iris.

Como un inocente niño, o tal vez como un demente, corrí de esquina a esquina para admirar la niebla y las reflecciones de las luces desde diferentes puntos.

De repente, al mirar hacia el lado norte, divisé un enorme castillo. Corrí hacia éste, totalmente fascinado, pero a la vez con el temor de recibir un baño de aceite hirviendo si me acercaba mucho.

Al llegar a mi imaginario castillo, reconocí la vieja catedral en donde fui confirmado años antes de que me volviera enemigo de la religión organizada.

La catedral, los árboles, el letrero de la panadería, y todo, todo, todo era un mundo diferente. De repente recordé el lago a unas cuantas cuadras de allí, en donde no solamente aprendí a nadar, sino en donde prácticamente me crié cuando era joven. De nuevo me eché a correr admirando cada luz, cada casa y cada hoja de los árboles. Por fin me encontré frenta a las aguas del lago, en donde la niebla parecía brotar cual si fuera vapor que salía de una inmensa caldera. Empecé a caminar lentamente, con la intención de recorrer alrededor del lago y admirar esa belleza nunca imaginada.

De repente me di cuenta que yo era el único que podía apreciar tan hermoso fenómeno, ya que no había visto a nadie caminar entre la niebla. Me entró un miedo y a la vez una calma inexplicable. No estaba convencido de si esto era natural o un dulce sueño.

Al llegar al lado oeste del lago, decidí caminar por la calle, en lugar de seguir andando a las orillas del agua. Las luces de las canchas de tenis ardían más brillantes que nunca; tenía que verlas desde el puentecito al lado noroeste del lago.

Caminé hasta llegar al viejo puente, en donde me paré con el fin de admirar las luces y el agua. También, por supuesto, para descansar mi cuerpo, ya que nunca he sido un tipo atlético.

Después de pasar un rato tirando piedritas al agua, empecé a observar por todos lados con más atención; el vapor seguía brotando de esa caldera. Las luces de las canchas de tenis brillaban con una fuerza cegadora, y la calma de ese fenómeno natural era medicinal.

De repente vi un bulto que se movía lenta, pero rítmicamente. Caminé hacia la orilla del puente para poder ver mejor y averiguar quién o qué era ese bulto, ya que yo creía estar completamente solo.

Enfoqué mis ojos, y cuál sería mi sorpresa, al ver una joven pareja de enamorados totalmente desnudos y perdidos en un apasionado abrazo.

Sin poder contener mi curiosidad, bajé del puente para acercarme más a tan sensual escena.

El, de pelo negro y liso; su cuerpo largo, fornido y bronceado, un atleta en la flor de la vida que hasta parecía ser el mismo dios de los atletas aztecas, si es que hay uno. Ella, de igual estatura, de piel blanca y una dorada cabellera cual si hubiera sido iluminada con los mismos rayos del sol. Sin duda alguna, la reencarnación de Sif, la bella esposa del dios vikingo, Thor.

Todo lo más bello y más bueno de la humanidad parecía juntarse en el abrazo, el beso, el amor y todas las caricias que la joven pareja de enamorados compartían.

Esta visión de amor e inocencia era tan grande, divina y reveladora, que parecía ser suficiente para recompensar tantos años de maltrato y sufrimiento de nuestra gente, de parte de anglosajones.

Con la misma quietud y cuidado con que me acerqué, me retiré para dirigirme a casa.

La belleza de la neblina había sido reemplazada en mi mente por la belleza del amor que los jóvenes compartían.

Llegué a mi casita completamente fatigado, y me dirigí derechito al sofá; parandome par limpiarme los pies en un pedazo de alfombra a la entrada de la puerta.

El siguiente día, la luz del sol me despertó, ya que la noche anterior olvidé poner de nuevo el zarape en la ventana.

Con un tremendo esfuerzo me desperté lo suficiente como para recordar mi trabajo, y que iba a llegar tarde a éste. Marqué el número de teléfono del taller y pedí hablar con el patrón para explicarle que iba a llegar un poco tarde.

Cuando el patrón me informó que eran treinta y siete minutos después de las tres de la tarde, traté de explicarle que, como había estado enfermo el día anterior, había tomado una medicina para la congestión y los dolores. Sarcásticamente me contestó que él no necesitaba enfermos en su taller, y que él me mandaría el cheque por correo; para que yo no me molestara y reposara en cama.

Empecé a maldecirlo y a echarle de la madre y del padre por despedirme de mi trabajo cuando más lo necesitaba, para luego arrepentidamente pedirle disculpas. Acepté mi responsabilidad y la decisión del americano, cuando recordé todo el amor y paz que había visto entre el chicanito y la gringuita, la noche anterior.

Busqué una de las toallas mas limpias entre el montón de ropa sucia, y procedí a darme un regaderazo frío, para enfriar mi temperamento.

Después del baño frío, empecé a preparar algo para almorzar, comer y cenar ya que eran después de las cuatro de la tarde. El pensar que me acababa de unir a las filas del desempleo no me molestó en lo más mínimo, ya que la experiencia de la noche anterior me había convencido de que desde ese instante me encontraba en un mundo más justo y bueno.

Para celebrar la llegada del sexto sol, decidí cocinar algo especial... Empecé con una jarra de café con canela, y luego, para comer, preparé una chuleta de puerco, huevos rancheros, y frijoles refritos. Para cerrar con broche de oro hice unas tortillitas de harina, bien suavecitas.

Después del banquete que yo sólo me brindé, encendí un cigarrillo y me senté frente al televisor, para ver las noticias locales.

Estaba dispuesto a pasar unas cuantas semanas de reposo, sin problemas ni preocupaciones, antes de empezar un nuevo trabajo o lanzarme en una nueva carrera.

De pronto mi corazón dejó de palpitar, cuando en la pantalla aparecieron las fotos de unos jóvenes: era una muchacha anglo-sajona, y un joven chicano.

Era la joven pareja de enamorados que había visto la noche anterior. Aunque no tuve la oportunidad de acercarme lo bastante para verles la cara, yo sabía que eran ellos. El joven reportero, un gringo indiferente a lo sucedido, explicaba al público que la joven pareja había sido balaceada en uno de los parques locales.

En custodia de la policía se encontraba el padre de ella bajo cargos de homicidio.

¿Por qué?...¿Por qué? A grito abierto le pedía una explicación a los cielos.

¡No!... No era justo que esos jóvenes, quienes obviamente se amaban tanto, y que se habían entregado totalmente el uno al otro, terminaran así. No era justo que un puñado de metal y pólvora, pudieran destruir tanta inocencia, tanto cariño, tanto amor... tanta esperanza.

¿Por qué? Gritaba yo —¿Por qué? ¿Por qué ese fin para quienes el único pecado fue nacer de diferente color?

Con un odio inmenso y lágrimas en mis ojos, me quedé inmóvil frente a la televisión, nomás para ver una reportera parada en la carretera que va a Las Cruces, la cual por ser el sesquicentenario del estado donde todo es más grande, orgullosamente mostraba una inmensa bandera con la estrella solitaria.

*

CUATRO MOVIMIENTOS SEXUALES Y UN ASESINATO

Jaime Armando Estrada Maya

Cada hora el tren que subía a la mina rayaba su pensamiento como los dibujos hechos en el pizarrón por un niño loco. Doña Chona hacía tortillas de esas grandes tipo Sonora. Las extendía primero con un rodillo y luego las estiraba lentamente dándoles una cuarta vuelta cada vez. Ella era alta y delgadita, como decía la canción, tenía una trenza larga y gruesa que pesaba tanto que casi ni se movía cuando andaba. Sus ojos eran negros y vivos como grillos en botella. Al lado izquierdo de la parte inferior de la nariz tenía una verruga grande y negra. Usaba un vestido viejo de percal, zapatos tenis, un delantal negro, y un suéter viejo de lana.

Ya hacía tiempo que doña Chona vivía en el cañón. Decían que había venido de Sonora con un reenganche de gringos en el año 1913, y que había sido soldadera, y que el hijo que tenía se lo había hecho un cabo que había andado con Pascual Orozco. Sin embargo, cuando llegó a San José del Oro venía casada con un tal don Rómulo que murió a los cuantos años.

La casa en la orilla del arroyo del cañón era de adobe, bajita y con cerco de piedras (sobre el cual se hallaban baldes viejos en donde crecían los claveles más olorosos del pueblo.) Estaba debajo de unos nogales viejos. Hacia arriba comenzaban las lomas llenas de táscate, piñón, y aguarices. Todavía más allá se veían los altos picos de las Rocallosas. En el patio raso picoteaban tres gallinas; tras la casa había un excusado y un cerco de piedras que alojaba por las noches a diecinueve cabras.

La estufa era estrecha, igual que la cocina, tenía patas de tabiques rotos, y quedaba a unos cuantos centímetros del catre donde dormía el hijo de doña Chona, Talpo. El catre trababa en parte la puerta que daba al único otro cuarto de la casa, una recámara. En ella se veía otro catre más ancho, un ropero con dos espejos, y una silla de mimbre; las paredes estaban decoradas por un número de santos y una ardilla disecada. Las dos ventanas estaban llenas de geranios.

Doña Chona acabó de estirar la tortilla y la comenzó a cocer en cuatro partes. Puso la tortilla sobre la estufa, la tortilla se esponjó e hizo globos blancos y redondos que soltaban un vaporcito suave y dulce—dulce como el olor del gringo que le decían "El Venado", que venía cada quincena a visitarla. Venía por la tres y quince antes que salieran los demás trabajadores. Era mayordomo y podía darse esa escapadita. A Chona le gustaban los gringos por limpios ya que podían bañarse cuantas veces quisieran en sus casas que sí tenían agua potable y el excusado de agua. "El Venado" siempre comentaba sobre el olor de sus claveles (esto lo hacían todos los que venían) pero luego se iban para la recámara y se empelaban —ella rápidamente y él despacito. Chona se sentaba sobre la silla de mimbre en la esquina del cuarto pues le gustaba sentir las contorsiones del mimbre sobre su piel desnuda. De allí lo veía a él desnudarse lentamente y llenar suavemente su cuarto pobre de ese olor a esa limpieza que tanto añoraba.

Una de dos cosas que apasionaban a "El Venado" era la verruga de Chona. Comenzaba su acto de amor con unos mordiscos a los pezones de las tetas de Chona y de allí se iba en seguida a la verruga que chupaba con ansiedad hasta que terminaba la pasión.

Chona le dio vuelta a la tortilla, la presionó con un trapo, los globos se rompieron y soltaron su gas limpio. La segunda parte se coció, y ella la presionó una vez más, le dio otra vuelta, y comenzó a cocer la tercera parte. La superficie de la tortilla quedó en parte cubierta de un salpullido café claro. Gonzalo, "El Pestañas de Vaca", venía a ver a doña Chona todos los lunes a las nueve de la mañana en punto. Tenía una tiendita —donde compraba toda la gente mexicana su mercancía. Daba crédito, igual que la tienda de la compañía, y por lo general sus precios no eran mucho más altos. Además, llevaba las mercancías hasta la puerta de las casas en una camionetita Ford. Era así como lo había conocido doña Chona. Gonzalo también comentaba sobre el olor de sus claveles y siempre pedía instrucciones sobre el cultivo de estas plantas para dárselas a su esposa. A doña Chona "El Pestañas" le recordaba un poco a su amante allá en la revuelta de México. Tenía el mismo color suave, la misma cortesía al tratarla y era siempre un poco tosco —y hasta vergonzoso— en el acto sexual. Eso sí no olía a México: nada del mesquite quemado, ni de lana y algodón mojado, ni de nalgas mal lavadas, y sobre todo, un poquitito a orines. La ausencia de todo esto hacía a doña Chona que lo repudiara y que con frecuencia dejara a "El Pestañas" a medias. Ella siempre le negó su verruga pero, sin embargo, "El Pestañas" seguía viniendo.

Doña Chona coció la cuarta parte de la tortilla. Esta se cocía rápidamente y por eso salía más blanca. Talpo que a los diecinueve se negaba a tener amoríos. Doña Chona lo conocía como puro. Era un poco más blanco que su padre y mucho más blanco que ella. Talpo pasaba sus días en el campo (desde chico se dedicó a las cabras y se negó a ir a la escuela) y ella lo veía nada más por las tardes y por las mañanas. Doña Chona lo bañó en el arroyo de enfrente hasta que tuvo trece años y nunca vio que su miembro se parara y ella había dejado de pensar sobre la sexualidad de su hijo. Tuvo vergüenza de hablar con Talpo sobre esto y por las dudas y con mucho miedo, doña Chona, en sus actos amorosos, clavaba sus ojos sobre la imagen de la Santísima Virgen del Carmen, "Por favor, Virgencita, que no llegue Talpo." Doña Chona acabó la primera tortilla de la tarde, la dobló en cuatro partes y la puso en el chiquihuite.

Talpo era menos alto que su madre pero sí tan delgadito; su pelo era negro, largo hasta el pescuezo y más bien lacio. Sus ojos eran más grandes que los de su madre, más almendrados y menos negros. Siempre usó camisas blancas, que su mamá le compraba en la tienda de la compañía: tenían botones de nacar. Sus pantalones, que hacía su madre de telas que estaban en barata en la tienda de don Gonzalo, eran por lo general de lona liviana, de mezclilla o de pana. De vez en cuando eran de franela. Nunca conoció la ropa interior y usaba huaraches de llanta que hacía él mismo bajo las intrucciones dadas por el difunto don Rómulo. Talpo se había aburrido de su casa y de su madre hacía tiempo (sobre todo de los constantes refranes: "Más vale pájaro en mano..., Del plato a la boca..., En el país de los ciegos..."). Tenía tres pasiones todas igualadas una con otra: el campo, sus cabras, y masturbarse. No importaba el día de la semana ni el mes del año, él salía al campo con su rebaño de 19 cabras a las cinco de la mañana para regresar a las siete. Subía por el cañón del arroyo y luego daba vuelta al cañón del pocito de agua. De allí se internaba en los cañones más profundos donde corría el agua cristalina y donde brotaban los zacates sabrosos y retoños de plantas que las cabras gustaban. Por las bajadas crecían los sotoles, magueyales, nopales, y encinos. Más abajo, crecían los mesquites, tabachines, y otras leguminosas de varios tipos. En las cúspides de las montañas se veían los pinos; en los arroyos los álamos y sauces. Esos cañones: llenos de cantos de calandrias y tórtolas en el verano, de los gritos de los gavilanes y cuervos, de pláticas inagotables de los gorriones y primaveras y el chillido de los trepaparedes del cañón. Estos últimos tenían un canto que comenzaba muy alto y luego bajaba en un espiral agudo. Si a mucha gente le daba escalofrío, a Talpo se le paraba el miembro. Pero su cuerpo reaccionaba así bajo muchos actos sensibles de la naturaleza tanto visuales como auditivos: el lodo fresco de los riachuelos que corrían entre las rocas después de la lluvia, el olor del hocico de las cabras y más todavía, la combinación de olores de hierba recién cortada y hocico de cabra. Esto lo lograba hincándose cerca de los animales cuando pasteaban. Otra combinación pasional se lograba en días de tormentas otoñales cuando Talpo se subía a los acantilados más altos del cañón y esperaba que la creciente de agua producida por la tormenta rumoreara por el estrecho pasaje. Entonces Talpo empuñaba su miembro y cantando la popular canción que tenía una frase que decía: "Eres como una espinita, que se me ha clavado en el corazón," seguía hasta lograr que su esperma fuera a dar allá abajo en la creciente de agua.

Las cabras comían de todo y sabían bien qué comer; sin embargo, Talpo siempre cuidaba que no fueran a comer alguna hierba mala como el toloache. En el verano había que cuidarlas de las víboras. De vez en cuando las espantaba un mapache diurno o un cacomixtle confundido, entonces él les cantaba una canción. Una vez al mes las llevaba a una vega de zacate corto que había cerca de una pequeña laguna. Era terreno de los vaqueros gringos y tenía que cortar el alambre de púa —esto lo hacía con cuidado y siempre lo unía— para internarse. Un día a Talpo se le olvidó unir el cerco ya que venía una tormenta y quería dejar las cabras en la pradera para subir al acantilado cercano.

Santa Rita era el pueblo que quedaba al norte de San José. Estaba habitado por mexicanos de todas partes —muchos de Sonora y Chihuahua. Sus casas eran de la compañía, todas estaban pintadas de un amarillo sucio y ninguna tenía agua potable o electricidad. Estos mexicanos vivían en las partes más próximas a la mina abierta mientras los gringos vivían en las partes planas donde se regaban con dedicación todas las praderas y patios sembrados de zacate. John Stag vivía en una de estas casas rodeado por árboles de chabacano y con un patio que tenía el zacate más bien cuidado del pueblo.

Stag era un gringo bien parecido. Tenía cejas gruesas y ojos bien azules como las lagunas de agua de cobre que se encontraban en el fondo de la mina. Había venido a Santa Rita en una de esas oleadas de gente de Oklahoma que habría de reemplazar todo lo mexicano con costumbres gringas. Era bajo de estatura pero sí bien fornido. Siempre vestía con ropa de mezclilla, un chaleco de borrega café oscuro —el mismo que usaba todo el año. Usaba botas medianas de amarrarse y una cachucha con rayas blancas y azules de esas que usaban los que operaban las palas de vapor y también los que operaban las locomotoras del tren del Santa Fe. John llegó temprano a la jugada ese día ya que sabía que el trabajo en la mina iba a cesar temprano por la tormenta que venía. Estas jugadas se llevaban todos los días menos los domingos en el café El Elite. Los miembros en estas jugadas variaban pero por lo general asistían el cherife gringo, el dueño del único restaurante mexicano "El Restaurante Domínguez", el policía —un mexicano trinquetero y genioso— y el juez local. Estos señores tenían en común su flojera y su desdén por los mexicanos —aunque el policía era del estado de Guanajuato. Jugaban al póquer todos los días menos el sábado cuando se dedicaban a jugar dominó con toda la gente del pueblo.

El camión de las tres llegó y se estacionó bajo el inmenso nogal que quedaba en frente del cine. (Este cine tenía funciones de películas mexicanas una vez por semana y en estos días todos los concurrentes podían sentarse dondequiera ya que los demás días de la semana la parte derecha de la sala era para los mexicanos, la parte izquierda para los gringos y la del medio para ambos.) John vio que los agentes de Albuquerque se bajaban del camión y esperaban con paciencia la abertura de las cajuelas para bajar sus enormes baúles. Había jugado mal y en su estómago comenzaba una ansiedad tremenda y bien conocida. Esta ansiedad le convertía su mente en un número limitado de imágenes sexuales en donde dominaban La Chona, y su becerra nueva, La Pinta. La Pinta ya tenía seis meses y él la había cogido desde que tenía un mes. Era la más reciente entre una serie de becerras que había cogido desde que él tenía diez años. Esta habilidad la había aprendido de un amigo mexicano que ya había muerto en un accidente en la mina y John, a los 33 años, todavía seguía con este hábito. El camión de las tres siguió rumbo a San Vicente y John se despidió de sus amigos de póquer, subió en su camioneta Chevrolet y se fue rumbo a la vega del cañón de San José donde bien sabía que estaba La Pinta.

La tormenta se había formado y entre El Cerro de la Aguja y El Cerro de La Santa Fe se veían nubes negras de donde salían relámpagos y truenos que producían ecos infinitos en los cañones. Doña Chona salió con apuro a meter una ropa que estaba en el tendedero y vio que un perro de tres patas huía hacia la parte central del pueblo. Era el Fum, un perro de manchas amarillas, cafés, negras y blancas. Este perro vivía debajo de los escalones de una de las casas centrales. Desde este dominio ladraba con ferocidad y de vez en cuando daba una buena mordida a un descuidado —las mujeres del pueblo lo odiaban con igual ferocidad. Fum tenía cuatro patas pero las dos de atras estaban juntitas ya que se había roto la pelvis tratando de meterse entre la puerta y el poste de un corral donde estaba encerrada la perra más codiciada del pueblo, Xóchitl. El Fum salía todas las tardes a mear con precisión todos los arbustos y piedras entre San José y las pilas de rezago que producía la mina y que tapaban el cañón al norte de San José. El viaje de este perro era placentero en todas las épocas del año menos al final del verano ya que los truenos de las tormentas le daban un terror que sólo apaciguaba en los recónditos más oscuros del sótano. Esa tarde el perro corría hacia el pueblo.

Stag dio la vuelta aguda después del puente que cruzaba el arroyo y casi mediomató a un perro que iba en la dirección opuesta. Stag se internó en el cañón de San José, la tormenta azotó con fuerza su camioneta por media hora, paró su camioneta en el arroyo a la entrada del cañón del pocito, esperó que pasara la lluvia intensa y se fue a buscar a pie a La Pinta. El campo había quedado fresco con la corta pero intensa lluvia y quedaría fresca y hasta fría la tarde pues ya venía el otoño y a esas alturas el frío llegaba temprano. Stag no tardó en llegar al cerco y notar de inmediato que La Pinta se había salido; se la veía pastear en la base de la montaña cercana con unos caballos blancos. Stag oyó dos cosas: el rumor de la creciente que venía y el canto de un hombre —ya que en la cúspide del acantilado estaba Talpo. Stag subió silenciosamente, se acercó, tomó una piedra y la arrojó con tal tino que le pegó en la nuca a Talpo quien cayó hacia el cañón todavía empuñando su miembro. Stag dio vuelta, se dirigió hacia el cerco para componerlo, y se puso a cantar con muy mala voz y pésimo gusto una canción de moda que decía:

"Aquí me tienes again
Aquí en your puertas again
Norte es la tierra again
La frontera de México otra vez.

Se repite la historia otra vez
Las campanas están aquí otra vez
Y el amor prohibido otra vez
North of the border, otra vez."

Acabó de componer el cerco y se fue a ver si encontraba a la Chona

El tren de las cinco bajaba de la mina cargado de las rocas de mena que iría a Hurley donde la refinadora produciría barras de cobre. Chona escuchaba el rechino de los frenos de los carros repletos del metal. (Parecía el llorido de las almas en el purgatorio.) Dobló la última tortilla de la tarde —ésta se había quemado cuando ella salió por la ropa— y murmuró en voz baja, "Más vale pájaro en mano que un ciento volando"; puso el chiquihuite cerca de la estufa y se sentó a esperar a Talpo.

Fum salió del sótano y con alegría notó entreabierta la puerta del cerco de la Xóchitl. La creciente pasaba. Llevaba arrastrando una camioneta.

*

94

CRONICAS DEL BARRIO

Piedad Prieto Martínez

La afición de doña Remedios por el periodismo, no surgió tras arduos años de estudio o un vano afán de notoriedad; nació del genuino interés humano por la noticia, unido al deseo de querer mejorar la vida a su alrededor. Esta filantrópica curiosidad, no habría cristalizado en vocación informativa si el destino no hubiera cruzado los pasos de la dama con el callejear de un joven reportero en busca de acción. Guiado por la singular mujer, el periodista compuso un emotivo relato sobre la triste suerte y destitución de una joven vecina del barrio, que yacía paralítica tras un penoso accidente.

La celebridad del reportaje consiguió para la muchacha diversas ayudas que mejoraron notablemente su existencia. Además de la gratitud de la joven y su familia, la fama de la hazaña desinteresada de doña Remedios, surcó veloz el vecindario, convirtiéndola a ella en heroína y centro de admiración de toda la comunidad.

De esta forma práctica, clara y contundente, aprendió la doña el poder mágico de los medios de comunicación, influyéndole esta positiva experiencia impetuosos deseos de repetir de nuevo la acción. Por algún tiempo, doña Remedios fue dada como ejemplo en las escuelas y predicada en el sermón dominical. Pero como sucede con la suerte de la fama, poco a poco la ebullición inicial fue cediendo y dando paso al olvido. Y el heroísmo de la protagonista se estaba empezando a desdibujar.

Para entonces, Remita se había convertido ya espontáneamente en portavoz de los asuntos del barrio y su experta opinión se oía aún con respeto en cada asamblea vecinal, reunida para tratar los inevitables problemas que surgían en torno. Guiada por lo que le dictaba la experiencia, los mensajes de doña Remedios abogaban por la publicidad.

—"Tenemos que responsabilizarnos en dar a conocer nuestros propios intereses", apuntaba ella, "solo así conseguiremos interesar a los demás", continuaba profetizando.

Cada asunto señalado por la junta, "podía resolverse mejor con la eficaz ayuda de la prensa", auguraba incansable la bondadosa mujer, contagiando a todos con su entusiasmo informativo. Así pues, aconsejados y asesorados por ella, los vecinos eligieron un comité encargado de reportar los problemas y acontecimientos locales a los medios de información. Pero pronto el éxito de la empresa se veía naufragar debido a la negligencia y constantes excusas que los medios mostraban en cubrir y prestar espacio a los intereses de aquella comunidad.

Sin dejarse vencer por el desaliento, con fidelidad diaria, doña Remedios repasaba atentamente la información local esperando ver repetirse el milagro y echando en falta acontecimientos del barrio dignos de mención que reflejaran su acontecer y progreso. Pero por alguna razón que no se comprendía, los periódicos al igual que la radio y la televisión estaban llenos de noticias de lugares lejanos y acontecimientos exóticos que a nadie podían interesar, a la vez que las redacciones se olvidaban del lugar.

Ni siquiera importantes momentos históricos para el barrio, tales como el comienzo del reparto del correo, o la recogida de basuras, habían sido inmortalizados en letra impresa. La pavimentación y arreglo de las calles mereció tan sólo una pequeña foto y un breve pié, pero ninguna explicación o comentario sobre las esperanzas que tales progresos abrían en la vida de todos. El único interés que el barrio despertaba, era cuando los políticos creaban noticias artificiales motivadas por las elecciones, o si ocurría algún incidente violento. Entonces no se escatimaba cobertura, y los "buitres" rondaban el vecindario en busca de la sangre, la reyerta o el cadáver que notificar.

Esta parcial y desmedida afición por la violencia, en opinión de la protagonista, sólo podía dañar la fama comunitaria, razón por la cual los extraños asociaban al barrio siniestramente con el crimen. Cuando la verdad era que la zona, sino exenta de incidentes —¿cuál lo estaba?— era bastante más apacible de lo que por su imagen se podía esperar.

Todo esto pensaba y razonaba amargamente la mujer, mientras realizaba con dedicación monótonas tareas domésticas como planchar, lavar y sobre todo cocinar, el pasatiempo favorito de las amas de casa de aquella vecindad. Y todas estas ideas eran repetidas y explicadas incansablemente cada vez que surgía la oportunidad de un interlocutor, ya fuera cuando prestaba sal a la vecina o durante la compra ante el foro que le brindaba el mercado.

Por las tardes la posibilidad de encontrar nueva audiencia aumentaba: en la parroquia con ocasión de una novena, o en otros casos gracias a una reunión de la junta vecinal. Cuando estas oportunidades fallaban, doña Remedios se lanzaba a una campaña telefónica cuya cobertura alcanzaba los rincones más apartados del barrio.

Finalmente, resignada al olvido de los medios, doña Remedios ahora era de la opinión de encaminar sus esfuerzos a la creación de un periódico local, que "fuera un reflejo fiel de la vida vecinal del lugar". Tal medio ayudaría no sólo para combatir políticos ineficaces y leyes discriminatorias, sino que serviría de podio para actividades escolares, religiosas y comunitarias que acontecieran o fueran de interés en los distintos núcleos de la población. El periódico daría a todos participación y protagonismo; el barrio no tendría que esperar soluciones impuestas desde fuera. Esa era también la única manera de que quedara constancia tanto de la popular fiesta, con su misa cantada y su solemne procesión, como de los alumnos que destacaban cada año ganando un concurso de redacción o de pintura, así como de las fotogénicas graduaciones anuales. Eso sin contar los innumerables sucesos interesantes que acontecían en la vida social.

Una publicación propia sería de utilidad a la plataforma vecinal, evitando el problema de tener que mendigar espacio ajeno cada vez que surgía un evento que reseñar. Con un periódico propio serían impensable humillaciones pasadas, tales como breves notas descoloridas y reducidas fotos semiocultas, que más que informar empobrecían y deslucían al barrio.

Remita, poco apta para el secreto y el silencio, comunicaba estos razonamientos a su marido, quien acostumbraba a darle en todo la razón, pero que ahora más inseguro, resentía el afán publicista de su esposa pensando que lo estaban relegando a él a un segundo lugar. Lo cual no era cierto, pues ni siquiera en la cúspide de su ventolera proselitista había descuidado doña Remedios las atenciones para con su esposo y su hogar.

La activa mujer llenaba varias horas cada día con sus planes y contactos sociales, pero estas eran restadas de su tiempo libre, dedicado generalmente a las novelas de la televisión que, para ser sinceros, nunca llegaron a interesar ni satisfacer realmente sus inquietudes sociales, ni su curiosidad. Aquellos folletines insípidos de celuloide eran buenos para cuando no había nada mejor que hacer, pero palidecían en comparación con el éxtasis del drama producido por la vida misma.

— o —

El matrimonio de doña Remedios y don Richard, era una muestra de las muchas historias positivas con que contaba la comunidad. Veinte años de convivencia no había hecho sino aumentar la llama de aquel profundo amor, vivo como en el primer día. Semejante prodigio había sido posible a pesar de contradictorias diferencias y gracias a la feliz combinación de ambos carácteres.

Don Richard era un ejemplo clásico de cordialidad y asimilación. Siendo casi un niño había dejado tras de sí una Europa de escombros, tomando un barco hacia Nueva York. De allí, tras casi dos décadas de inmersión americana, como había aprendido de los buenos pioneros, se encaminó hacia la costa oeste, donde encontró a la vivaz y jovencísima Remita. Fue un rápido romance de los de "a primera vista" que por disparidades de edad y origen pocos se hubieran atrevido a apostar por él. Pero doña Remedios, a pesar de su edad supo identificar maduramente al gran y definitivo amor de su vida.

Remita vivía con su anciano padre en una vieja casa de barrio, y para ella se trajo su flamante marido, con ánimo de temporalidad, pero el buen carácter del esposo, su solicitud y cariño para con el anciano, convirtió al matrimonio en trío inseparable, hasta que la muerte del progenitor de doña Remedios los separó.

Richard además de hombre honrado, era un tenaz trabajador y en vez de huír de la decrepitud de la vieja casa, verdadero hogar tanto de su esposa como ahora de él, comenzó a repararla. De ahí que la que fuera una de las más penosas viviendas del vecindario, se levantara ahora como ejemplo de lo que logra un trabajo eficaz.

Las virtudes de don Richard no paraban ahí, su adaptación a la vida local y a sus costumbres, despertaban en todos gran admiración. De no haber sido por la forma peculiar con que pronunciaba el español y por la claridad de sus azules pupilas, nadie hubiera dudado de su nacimiento en el barrio. Por eso aunque los primeros contactos vecinales fueron fríos, su servicialidad y contagiable optimismo lo convirtieron pronto en un hombre popular.

Tan buena asimilación hubiera sido más difícil sin la tutela y guía diestra de doña Remedios cuyos buenos oficios de anfitriona estaban parte en su simpatía, pero sobre todo en su buen corazón. Junto a estas virtudes, la total dedicación que mostró para con su esposo desde el principio, produjeron los efectos de una receta mágica que se apoderó con éxito de la voluntad germánica de su marido, preservando y fortaleciendo aquella desigual unión.

Inseparables en las pocas tristezas y las muchas alegrías, habían disfrutado juntos casi veinte años de amor y felicidad conyugal. Todo el barrio sabía que para Remita "no había hombre más inteligente, trabajador y bueno que su esposo". Por una parte para Richard "no había mujer más graciosa y mejor cocinera que su mujer", por lo que incluso el legendario mal genio de doña Remedios, lo veía él como un toque femenino, travieso y temperamental.

Y cuando el amor se volvía rutinario y sin alicientes, Remi simplemente rompía la tregua con la cólera real de unos supuestos celos, tan descabellados que nunca llegaron a ofender a su racional esposo quien lo achacaba todo a la herencia española de su mujer.

Así pues, los ligeros disgustillos matrimoniales de la pareja, provenían más que nada de la curiosidad insaciable de doña Remedios, que menos rutinaria que su esposo, necesitaba el aliciente del acontecimiento, por pequeño que fuera, con qué aderezar su monótona existencia.

Remi era una mujer sin hijos ni problemas propios, satisfecha con su marido, su hogar y la vida sencilla y sin sobresaltos que proporcionaba aquel lugar. Cada mañana cuando don Richard marchaba al trabajo, mientras cuidaba de la casa, ella escuchaba a sus artiatas favoritos en la radio y cantaba corridos alegremente con más gracia que buena voz. A medio día su esposo amantísimo solía llamar para asegurarse que su querida señora se encontrara bien. Después llegaba el correo, como siempre con nada interesante ni digno de mencionar.

Cumplidos estos ritos, doña Remedios estaba lista para salir a comprar. El concurrido mercado era un centro de información donde se intercambiaban y ventilaban las noticias locales. El paseo diario y las compras servían al vencindario de una ocasión más de realzar la vida social tanto como para abastecerse, valían para constatar las novedades del barrio. Con lo cual, todos se mantenían siempre al tanto de los acontecimientos por insignificantes que pudieran parecer, y no se necesitaban grandes pretextos para comentarlos entre sí con indudable fruición. Ocasionalmente en el trayecto, Remita encontraba a alguien conocido en su camino y entonces se entablaba una amena conversación.

"Hoy cuando iba al mercado", era la frase típica que solía introducir cada novedad cuando, durante la cena, los esposos comentaban las incidencias de la jornada. Generalmente la que hablaba era doña Remedios, quien a veces reprochaba a su marido su incompetencia para la novedad.

En pocos días en que no sucedía algo, Remita, ávida por alguna noticia, inquiría a su esposo por algún acontecimiento digno de destacar. Pero el trabajo en la construcción aportaba pocas novedades a don Richard o quizás él estaba más interesado en el cemento y los ladrillos que lo distraían de los gozos de la vida social. Y por más que se afanaba el hombre por complacer a su mujer, casi nunca tenía nada que contar.

Cuando esto ocurría, doña Remedios recriminaba a su cónyuge el descuido por cuanto pasaba a su alrededor cuya falta de interés, en opinión de la dama, era signo evidente de egoísmo y asociabilidad, que él pagaba cuando su esposa lo amenazaba con no cocinarle más algún manjar casero.

Sabedor de que lo único que le devolvería la sonrisa a su esposa y la paz al hogar en tales ocasiones era el hecho de producir alguna novedad que rompiera la rutina, don Richard sacrificaba resignadamente un deleitable domingo limpiando su camión o arreglando su garaje, con tal de sacar a su esposa a pasear.

— o —

Un barrio suele ser un lugar tan exótico para el visitante como familiar para el poblador. El paisaje del vecindario de doña Remedios, representaba una mezcla de estilos, culturas, épocas y carácteres, a veces caóticamente superimpuestos y otras originalmente estratificados, que ni a propios ni a extraños parecía sorprender.

Había anchas avenidas ruidosas junto a callejuelas polvorientas encaramadas a las colinas en caracol, en las que a veces corrían libremente niños, gallinas y perros. Junto a pequeñas viviendas prefabricadas, se alzaban clásicas mansiones coloniales, troceadas en apartamentos. La estructura de un templo oriental albergaba un mercado y una antigua elegante galería era ahora un centro sanitario; pero estos ligeros trastoques y acomodaciones no llegaban a menguar el interés y poder de evocación ejercido por el territorio en el alma de sus moradores, aun encontrándose lejos de él.

El área de expansión del barrio estaba delimitada por modernas autopistas y muy próximas al gran centro urbano, entre éste y los inmensos suburbios de la gran ciudad. Estas características lejos de conferirle un aire cosmopolita, proporcionaban al conjunto un carácter semirrural y de pueblo. Ello tal vez porque en el barrio, en contraste con los alrededores, el sentido de la propiedad y de la vida privada están mucho menos delimitados, abarcando este deslindamiento incluso lo que en otras partes constituye la intimidad personal.

La vida se vive en el barrio de puertas y ventanas para fuera, compartiéndose en la calle y las plazas con los otros habitantes del lugar. De la misma forma que los buenos vecinos se prestan huevos o tazas de leche para el desayuno, se intercambian asuntos, novedades, acontecimientos, penas y alegrías con toda naturalidad.

Por esa razón, más que ningún otro lugar, por un barrio circulan cuentos y milagros, tragedias clásicas, fabulosos mitos, sabrosos y vanos cotilleos...un rico folklore desperdiciado, que si nadie recoge, se pierden de boca en boca, sin llegar a convertirse en historia oficial. Intrigas de celos, amores, triunfos, fracasos, sabios refranes..."en espera del dramaturgo, el comediante, el columnista o el antropólogo que los sepa recoger para transmitírselos a los demás".

Un feliz día para todos, quien sabe si por estar originalmente de acuerdo o por la intensa campaña persuasiva a que habían sido sometidos, las gentes de aquel barrio olvidaron los asuntos personales que los mantenían ocupados y absortos para centrar su atención en lo que habría de ser punto de partida y fuerza generadora del periódico local.

La tenaz persistencia de doña Remedios había conseguido congregar entorno al nacimiento del "tabloide" a todas las ramas de la comunidad: escuela, comercio, parroquia, junta de vecinos...todos tendrían algo que ganar.

Los pronósticos auguraban la tirada de una revista mensual, cada sector de la comunidad tendría su sección fija de la que se responsabilizarían tanto en cubrir, como en conseguir financiar. De esta hábil manera, la genial empresa quizás solventaría los problemas de protagonismo que suelen arruinar muchos buenos planes.

Cuando los hechos reales escasearan, quedaría espacio para airear la creatividad. El pueblo siempre cuenta con artistas oriundos que no pueden publicar. El poeta, el gracioso, el historiador inéditos, cada cual tendría algo que recibir y aportar. Habría una sección recreativa, con pasatiempos, historias, poemas, cuentos, acertijos y chistes, además de la sección de sociedad que Remita, junto con un grupo de colaboradores, pensaba organizar.

Sucede que muchas veces durante años y años, las capacidades y talentos permanecen dormidos, quedando ocultos por las circunstancias y que un accidente fortuito los despierta y conecta poniendo todo a funcionar. Doña Remedios, sin ser una persona de letras y que sólo contaba con su tesón, pondría en marcha una empresa que contaba con opositores espontáneos tan poderosos como la apatía, la inercia y falta de cooperación. Ella había logrado el consenso, descubierto la necesidad y las ventajas, concebido el plan y, no obstante la colaboración de todos, para ello se necesitaba la ayuda de un poderoso aliado que le diera a todo el empujón final.

Nada auna tanto, ni anima más a un barrio, que una buena fiesta. Había que organizar un festejo lleno de música, alegría y famosos. Una fiesta para celebrar, para convivir, para crear la efusividad que sirviera finalmente para poner en marcha los esfuerzos de todos. Si el periódico lograba ser un éxito, todos pensarían la buena idea que había sido recibirlo con un buen festival. El hecho de trabajar unidos y responsabilizarse juntos en preparar el festejo sería, además, una valiosa experiencia para el proyecto futuro.

La idea de la fiesta fue acogida con entusiasmo y muy planificada por el comité vecinal. Habría una misa bien cantada y ensayada hasta la perfección. Después la fiesta continuaría hasta la noche en la plaza con música, concursos, piñatas, carrozas, competencias, tómbolas, juegos y más música, comidas y refrescos.

Las calles y las plazas limpias y engalanadas con banderas, luz y color esperaban a los visitantes y curiosos. Vendrían famosos nacidos en el barrio, invitados a presidir la festividad...y el torbellino de música-color-humanidad-alegría-orgullo-hermandad, quedaría reflejado e inmortalizado en las fotos, en las crónicas, en los inmensos titulares de la inauguración.

Sería aquella una fecha memorable entre el ayer y el mañana, con la barriada entera de protagonista ejemplar. Y además quedaría como producto un modelo único de publicación que no luchara sólo por la palabra exacta y por los adjetivos —como tantas otras— sino sobre todo por la cualidad de reflejar como en un espejo, el color, la pasión y el desparpajo de toda aquella comunidad.

*

FERNANDO ESTRELLA

Ramiro R. Rea

—Oiga compadre, ahora sí que lo creo. Jamás creí en el día del juicio pero con lo que pasó, ahora sí que lo creo. Pues quién iba a pensar que Fernando Estrella sería justiciado. Y mucho menos como sucedió, porque la verdad es que por estas tierras surcadas por sangre, Fernando Estrella era un gallito muy bravo. Era un gallito sin tregua. Por eso todos le tenían miedo. Hasta los muy machos le sacaban la vuelta, lo respetaban, o a lo menos a su puntería que para eso sí que tenía fama. ¿Se acuerda, compadre? Cada año en las ferias de la región barría con los premios. Y en cada feria dejaba difunto. Siempre lo mismo, comenzaba con el tiro al blanco y luego uno de esos que no le gusta perder le pedía el desquite. Aumentaban las apuestas, terminaban haciéndose de palabras y al final de cuentas lo mandaba derechito al cementerio. El solito pobló los camposantos de nuestra región, sembró el terror en esta comarca.

Sí, Fernando Estrella había logrado aterrorizar toda la comarca. Y no porque fuera iracundo, todo lo contrario. Pues era amable, cordial y campechano. Pero era como esos nubarrones que bajan de la sierra, que de un instante a otro se convierten de nubecilla a granizada. Así que todo mundo le temía, le respetaba, con la misma reverencia con que el hombre respeta la muerte. Y eso era, en esta comarca Fernando Estrella era la muerte. La muerte y, a la misma vez, el colmo de la vida. Porque Fernando Estrella había venido a este mundo para vivir. Y ese gusto por la vida lo manifestaba en todas sus acciones, todo lo hacía a un grado superlativo. Sí, así era, vivía con unas ganas eternas de probar todos los frutos que la vida brinda. Y hasta los ajenos porque para eso todo lo que tenía que decir era —lo quiero— con la mano en las cachas de la pistola, y todos se doblegaban. Sin embargo, la gente no lo aborrecía, todo lo contrario, lo idolatraba. Veían en él lo que ellos deseaban ser. Veían en él toda una manifestación de sus propios egoísmos, que deseaban desenfrenar, que deseaban saciar a sus antojos. Pero que sólo Fernando Estrella tenía la osadía de llegar a ser. Y quizás por eso se doblegaban con resignación. Aceptaban el yugo del temor con la sabia aceptación de que en una comarca de hombres valientes no había un solo valiente que le hiciera frente a Fernando Estrella.

Y confiado en esta sabia aceptación, Fernando Estrella veía a la comarca como su propio jardín de las delicias, donde todos los frutos que la vida brinda estaban a su disposición.

Así un día, bajando de la serranía en su caballo ruano rumbo a Chimayó, pasó por los linderos del rancho Chula Vista. Y desde una colina se puso a contemplar a la bella Altagracia Jiménez, hija del dueño del rancho y maestra rural. Por un instante se le olvidó que iba rumbo a Chimayó. Por un instante se quedó absorto, escudriñando con la vista el primoroso cuerpo de la bella Altagracia. De repente movió la cabeza como queriendo sacudir de su mente un pensamiento y espoleó a su ruano. Camino a Chimayó, bullía en su mente un solo pensamiento, una sola visión, como si estuviera hechizado por la singular belleza de Altagracia. Se paró a medio camino, se quitó el sombrero y alzó la vista para contemplar el sol del mediodía que ardía como él. De nuevo espoleó al ruano, dándole rienda para hacer la carrera más rápida, pero no rumbo a Chimayó sino al rancho Chula Vista.

Al oír el tropel del caballo, salió de la casa del rancho el señor Jiménez, sólo para ser recibido por las descargas de las pistolas de Fernando Estrella. Luego salió el hermano de Altagracia y fue ultimado de la misma manera. Hizo relinchar a su ruano y estaba a punto de entrar a la casa del rancho con todo y caballo, cuando salió Altagracia, serena, tranquila, con una calma que desconcertó a Fernando Estrella. Rompió el silencio diciendo: "Llévame contigo Fernando, ya pa'qué me dejas. Ya mataste a mi padre, ya mataste a mi hermano, no me dejes, llévame contigo. ¿Qué me quedo haciendo aquí?"

Fernando Estrella se aproximó con su ruano y con un brazo subió a Altagracia y montada en ancas cabalgó hacia la sierra. Iba extasiado, lleno de contento porque una vez más se había salido con la suya. Su júbilo se mezcló con lujuria al sentir los senos ardientes y palpitantes de Altagracia que se abrazó de él mientras el ruano galopaba tendido, a rienda suelta, como si el propio animal fuera cómplice de su éxtasis.

Tanta era la emoción que excitaba a Fernando Estrella que sentía su pecho arder y una tibia humedad que emanaba de su corazón a las piernas. Su fuerzas flaquearon, y fue entonces que notó que iba bañado en sangre, que Altagracia le había clavado un puñal en el pecho y ahora trataba de sacarle el corazón con la mano.

Fue entonces cuando aquella figura varonil comenzó a desvanecerse. Aquel hombre que tanto había aterrorizado la comarca fue atenuándose gradualmente. Le brotaron las lágrimas y entre llanto y ruegos, pedía la vida.

—Suéltame Altagracia, no me mates. Por lo que más quieras. no me mates, suelta mi corazón. Te daré lo que tú quieras, la comarca, si la quieres es tuya pero suéltame. Mira que quiero vivir, suéltame por el amor de Dios. No me mates, Altagracia.—

Y Altagracia cabalgó abrazada de Fernando Estrella, con la mano clavada dentro de su pecho, aferrada a la idea de no soltarlo hasta arrancarle el corazón. Y así fue, no lo soltó hasta haberle arrancado el último palpitar de su corazón. Allí al pié de la sierra, Altagracia Jiménez justició aquel gallito tan bravo, aquel gallito sin tregua que fue Fernando Estrella.

$$*$$

THEY'RE JUST SILLY RABBITS

Alicia Gaspar de Alba

Todo empezó con el brete de los conejos. Yo no entendía
muy bien el afán de proteger a los animales que tenía Zulema,
pero creo que era algo relacionado con la teoría de la
reencarnación, algo que ver con cuidar y respetar el alma tanto
como el cuerpo de todas las formas de vida. Tal vez la filosofía
de Zulema era demasiado esotérica para mi, pues ella se sentía
conectada hasta con las piedras y las moscas.

—¿Piensas que los animales tienen cultura? me preguntó un
Domingo que andábamos por el City Park. Era apenas
principios de septiembre en Iowa City, pero las hojas de los
árboles ya habían comenzado a teñirse de rojo y amarillo.

—Creo que tienen cerebros y que pueden pensar, le
respondí.—Pero dudo que estén lo bastante desarrollados
mentalmente como para tener cultura.

—¿Entonces crees que la cultura nace del cerebro?

—¿De dónde más?

Se encogió de hombros.—That's what I'm trying to find

the answer to, I think.

Zulema se había horrorizado realmente con el asunto de los conejos. Habíamos sido invitadas a un brunch en medio del campo con un grupo de lesbianas radicales de esas que se jactan de ser "politically correct," o sea mujeres que viven a base de la política que el sexo femenino no necesita del masculino para nada, y por ende no ejercitan ningún tipo de opresión a las mujeres, ya sean blancas, negras, morenas, orientales, gordas, flacas, handicapped, o lo que sea. Por supuesto, Zulema no estaba de acuerdo con el aniquilamiento del sexo masculino. Con toda su preocupación espiritual, ella no podía concebir de un estilo de vida que arrastrara con la mitad del mundo.

En realidad, la reunión fue bastante cordial, la farmhouse muy rústica y acogedora, los platillos y pasteles del potluck de lo más variado y delicioso. El único momento de incomodidad fue cuando una cosmetóloga sentada al lado de Zulema se puso a platicarle que ella había escogido esa carrera solamente para explotar el mito de la belleza femenina impuesto por el patriarcado y Zulema, por díscola, le dijo a la cosmetóloga:

—I like men.

Inmediatamente se crespó el aire en aquella casa, y el silencio que creció repentinamente fue tan grueso que hasta sombra daba. Esa sombra caía justamente sobre Zulema y yo.

—Cállate, le dije al oído, —que de aquí vamos a salir botando.

Volteó y me dijo en voz alta, —Ya ves por qué no me gusta venir a estas cosas. Yo siempre meto la pata.

No sé a quien se le ocurrió la idea de salir a ver los conejos, pero a todo mundo le pareció fantástica la idea y de pronto empezaron a desfilar las politiqueras por la puerta de atrás. La cosmetóloga se mostraba especialmente entusiasmada, y nos alentó para que no nos fuéramos a ir sin ver los "bunnies."

Afuera se sentía menos oprimente la distancia ideológica que existía entre esas mujeres y nosotras. Quizá, como se sabía que éramos Chicanas, nos habían perdonado nuestra 'ignorancia' (aunque se oiga como "contradiction in terms", las Chicanas del Midwest existimos. Hay algunas como Zulema que no hablan

108

una papa de español pero entienden todo, y hay otras como yo que, gracias a las exigencias de una abuela, aprendimos "nuestro idioma" sin darnos cuenta). O quizá, a nuestras compañeras del brunch les interesaba iniciarnos en la sisterhood y estaban más dispuestas a tolerar nuestras barbaridades como el "I like men" de Zulema. De cualquier forma, parecía que nos querían dar otra chance para rectificar nuestras ideas, y los conejos —separadas las hembras de los machos en su vivar— representaban el mundo ideal de la filosofía politiquera. Pero Zulema, digna Sagitario, casi le escupió la cara a la dueña de la casa y de los conejos cuando grito:

—You only kill the <u>male</u> rabbits?

Por un instante, nuestra anfitriona se salió de sus casillas, y le subió la sangre hasta las cejas, pero rápido recuperó la calma y respondió que claro, que las hembras eran para reproducir y los machos para comer. Tan sencillo como eso.

Zulema y yo nos fuímos sin despedirnos. Pasamos por un sembrado de maíz ya segado para que Zulema pudiera gritar toda su indignación. La tuve que abrazar y acariciarle el pelo para tranquilizarla. Ella estaba enferma del corazón y la impotencia que sintió frente a esos pobres conejos le afectó muy duro. Los ojos se le pusieron rojos y los labios como tiras de hielo. Nos sentamos en las yerbas secas hasta que el calor del sol le quitó lo pálido que se le había puesto la cara. Después caminamos en silencio, agarradas de la mano, por aquel campo seco y pardo que hacía un mes nada más vestía tallos verdes y dorados y vibraba de maíz.

Cuando llegamos a casa ella se puso a pintar, y por una semana entera no asistió a clases. Nunca me mostraba su trabajo antes de terminarlo, así que como no acabó con esa pintura antes de irse de mi vida, nunca tuve la oportunidad de apreciarla. Ahora no sé si fue una de las que se llevó con ella en su viaje espiritual, o si fue una de las que quemó. Pero lo de los conejos fue algo que le impactó y apasionó tanto que todo su trabajo posterior a esa experiencia siempre llevaba la figura de un conejo en alguna parte.

La mera verdad, a mi me parecía que ella se estaba dejando llevar por una over-reaction. —They're just silly rabbits, le dije, sin pensar en cómo la estaba lastimando. Nunca me imaginé lo grave que iba a llegar a ser ese estúpido comentario mío.

El semestre al fin se cerraba. Zulema y yo estábamos haciendo planes para nuestras vacaciones navideñas. Ella quería que fuéramos a Puerto Rico a visitar a una de sus ex-maestras de la pintura expresionista. Yo quería que nos quedáramos en Iowa City. A mi me atraía la imagen del pueblo vacío, inundado de nieve y silencio. Tenía fantasías de mañanas largas en la cama, tomando café recién molido, comiendo cinnamon rolls, y charlando con la mujer que me había sacado del closet como un traje de luces. A Zulema le gustaba que yo le hablara español, especialmente mientras hacíamos el amor, y mis planes para el mes de vacaciones no excedían esos sencillos placeres.

Pero, como siempre, Zulema buscaba algo más. A ella no le interesaba descansar.

—I want to learn, I want to travel, me dijo una y otra vez. —I want to find the meaning of life.

Yo no estaba dispuesta a pasarme la vida buscando "the meaning of life." Para eso teníamos a Sócrates y a sus compadres. Yo estudiaba muy duro, y la carrera de Bilingual Counselor Education no era nada fácil. No tenía tiempo ni energía para pensar en "the meaning of life," mucho menos durante las vacaciones. Las locuras de Zulema de vez en cuando me sacaban de quicio.

Por lo pronto decidimos que ella tenía que hacer su jornada a Puerto Rico a ver qué técnicas nuevas aprendía con su maestra. Yo de verdad no tenía ganas de andar en el ajetreo de un viaje así. Quedamos en que yo iba a visitar a mi familia en Chicago para pasar las fiestas de Navidad y Año Nuevo, y después regresaba a casa a re-encontrarme conmigo misma y a ponerme al corriente con toda mi correspondencia. Hacía más de un año que yo no les escribía a mis compañeras del Colegio de México y, con todas las novedades que habían ocurrido en mi vida desde mi llegada a Iowa City, estaba segura que mis cartas iban a resultar muy divertidas de escribir. Para las chilangas de mis amigas, las aventuras de mi "coming out" iban a parecer una telenovela.

Los planes ya están hechos. Zulema consiguió un pasaje a último momento y yo volé con ella hasta Chicago (uno de los peores vuelos de mi vida, arriba de un low-rider con alas, que apestaba a reliquia de la segunda guerra mundial). Pero todo cambió en Chicago.

Al bajarnos del avión ése, nos encontramos con que nadie de mi familia me había ido a recoger. El vuelo de Zulema no partía por unas horas así que decidimos ir a tomarnos un Kahlúa para aprovechar nuestra privacidad. A los cuarenta y cinco minutos, apareció mi hermano en el bar quejándose de que nos había buscado por todo el pinche aeropuerto. Se sentó con nosotras y pidió una cerveza. Traía malas noticias. Mi abuela (mamá de mi mamá, que en paz descanse) se estaba muriendo. Tenía un cáncer raro en los huesos y los doctores no le daban mucho tiempo. No me habían querido decir nada por teléfono para no preocuparme mientras viajaba, pero también por miedo a que les fuera a decir que no a los "nuevos planes."

Mi abuela quería regresar a Nuevo México, a morir en la tierra donde había nacido su única hija. Pero antes de alzar las manos y rendirse a su destino, quería peregrinar al Santuario de Chimayó que quedaba a siete horas de Santa Fe. Allí adentro de la capilla, según los cuentos de mi abuela, había un pocito con tierra milagrosa que curaba todo tipo de enfermedades. Su útlimo deseo era ir a ese lugar y me eligieron para que la acompañara por estar de vacaciones, por ser a la que siempre ensartaban con misiones ridículas y por ser la mujer.

Por supuesto que no me gustó la idea. El hecho de que mi abuela se estaba muriendo era un golpe bastante fuerte como para después ser abatida con la noticia de ese viaje. De repente me vinieron visiones de una iglesia de camposanto rodeada de ciegos y leprosos y gente sin piernas todos escarbando como desesperados en la tierra sagrada.

—¡No! le dije a mi hermano.—Tú sabes que yo tengo un problema serio con los aviones. Si mi abuela quiere regresar a Santa Fe o ir a Chimayó, o lo que sea, tú o mi 'Apá. la pueden llevar. Yo no voy. Además, ¿por qué no me dijeron antes? Olvídate. Yo no voy.

Zulema, quien había escuchado toda la conversación como una niña presenciando algún milagro, se me quedó viendo incrédulamente después de mi berrinche, luego se tapó la cara con las manos y se soltó a llorar.

A lo largo de cinco minutos reflexionó, se paró sorpre-

sivamente de la mesa, y salió del bar muy apurada, la cara toda
chorreada y la nariz escurriéndole todavía. Fuí detrás de ella,
por supuesto, pero ella no quería hablar conmigo.

—¿Pero qué te pasa? ¿A dónde vas? le pregunté, tratando de
acercarme a ella para abrazarla.

—I don't want you to touch me right now, me respondió
agregando que, aunque no tenía por qué darme explicaciones,
por respeto a nuestros tres años juntas me iba a decir lo que
había pasado por su mente al oír el drama de mi abuela. No
recuerdo sus palabras exactas, puesto que hasta ahora ese día
sigue siendo el más doloroso de mi vida, y mi memoria se ha
encargado de rodearlo con telarañas, pero lo siguiente se
asemeja bastante a lo que me dijo Zulema el día que se marchó
de mi lado.

—Pensé en tu comentario de los conejos. ¿Te acuerdas? A
mí se me hizo eso tanta falta de corazón, tanta falta de respeto a
la vida, que yo no te pude ni contestar. No sabes cuantos días
lloré a raíz de eso. Pero lo dejé pasar. Mi amor por ti era más
grande que mi amor por los conejos. Pensaba que ibas a
cambiar. Que yo te podía ayudar a apreciar las cosas del alma.
Pero tú no puedes todavía. Quizá tu espíritu es demasiado joven
y le hace falta vivir más vidas para sensibilizarse. O quizá te
hizo mucho daño criarte aquí, tan lejos de nuestra tierra y de
nuestra gente, y no eres responsable realmente por tu falta de
espiritualidad. Yo no sé qué es, pero cuando vi tu reacción a lo
que te dijo tu hermano, cuando vi que no estaba en ti poder
comprender la importancia de ese viaje para tu abuela, se clarificó
en mi conciencia lo que siempre nos ha separado a ti y a mí. No
te culpo por no entenderla, pero sé que no puedo seguir más
contigo. Tú eres la que hablas el idioma, pero yo soy la que
comprende la palabra corazón.

—Ahora sé lo que me ha hecho falta, continuó después de
pasar saliva, —y lo que tengo que hacer. Yo tengo que ir a ese
lugar. Voy a regresar ahora mismo a Iowa City por unas
pinturas que me quiero llevar, y voy a cancelar mi viaje a Puerto
Rico. Dile a tu abuela que no se preocupe. Que yo también
quiero hacer ese peregrinaje y curarme con esa tierra. Dile que
me daría mucho gusto acompañarla. Yo no pude hacer nada
para salvar la vida de esos conejos, pero en esto sí puedo
ayudar.

Con Zulema no se discutía, no se le rogaba y sobre todo no

se le lloraba. Yo hice las tres cosas en el transcurso de media hora. Empecé por gritarle que era una arrogante y una egoísta, y de ahí me fui humillando más y más. La seguí por todo el aeropuerto mientras ella compraba el boleto para el próximo vuelo a Iowa y averiguaba sobre los vuelos a Nuevo México. Por supuesto que no me hizo caso, ni cuando la insultaba ni cuando le imploraba que por favor no se fuera así sin al menos darme oportunidad de rectificar lo que había hecho (aunque la verdad es que en ese momento yo no sabía qué había hecho, únicamente sabía que algo importante se me estaba por espolvorear).

—No creas que no me duele, fueron las últimas palabras que me dijo. —Please tell your grandmtoher we leave in two days.

Con eso, y con la mirada de soslayo que me dió, supe que ya estaba todo perdido. Ya no me respetaba. Habíamos acordado que en el momento en que una le perdiera el respeto a la otra y no pudiera mirarla abiertamente a los ojos, nos teníamos que separar. El momento llegó y se fue como un tornado. Zulema pasó por el portal del aeropuerto, bajó los escalones, y se fue caminando hacia su avión. El viento de Chicago desparpajaba el cabello que yo tanto había alisado por tres años.

Mi hermano todavía me estaba esperando en el bar. Ya estaba terminando con su cuarta cerveza cuando me senté a su lado.

—Bueno, ¿ahora tú que tienes? me preguntó. —¿Y Zulema dónde está? Mi 'Apá ha de estar todo preocupado. ¿Nos vamos ya, o qué?

—Armando, por favor no vayas a decirle nada de esto a mi 'Apá. Están pasando cosas muy extrañas que ni tú ni yo podemos comprender. ¿Crees que la abuela se quiera ir con Zulema a Chimayó?

—¿Con Zulema?

—Yo no <u>puedo</u> llevarla, Armando.

—No sé. A Abuela nunca le ha caído mal Zulema, pero ella tampoco estaba de acuerdo con lo de ustedes dos. Además, esto de Chimayó es una cosa muy íntima.

—Pues espero que diga que sí, porque Zulema ya no va a ir a Puerto Rico. Ya reservó lugar para pasado mañana para ella y para la abuela en un vuelo directo a Albuquerque, así que vamos a tener que llamarle a la Tencha para que vaya por ellas y las lleve a Santa Fe.

—Pero, ¿por qué Zulema y no tú? Ustedes dos están bien chifladas, yo siempre lo he dicho.

—Armando, es que yo no <u>creo</u> en esas cosas como lo de Chimayó.

Comprendí al decirle eso a mi hermano lo que Zulema me había tratado de explicar.

—Pos yo no sé nada, pero Abuela quiere ir a como dé lugar. ¿Y ahora Zulema 'onde anda?

—Vámonos, Armando. Aquí la vemos pasado mañana.

*

A Melchor Rodríguez

LAS BOTAS DE PATTON

Juan Holguín

Parece que fue ayer... cómo se va la vida... ya se ajustaron cuarenta años desde el día en que salimos de Valle de Allende, y aún guardo en mi memoria la frescura de aquellos vientos, los perfumes de las maravillas y de las varas de San Juan; la familiar sombra de los viejos nogales y las tardes inundadas por el agradable olor de la panadería...y qué decir de las aguas de su río...cómo nos perdíamos en su corriente los muchachos, todos, en aquel rincón de mis recuerdos. Pero hoy...son eso...sólo un atado de recordaciones que en esta monotonía eterna me permiten sobrellevar el tiempo que dura este tiempo en mi trabajo, sí, esto es tan fácil que hacerlo se me cargó tanto que sólo yo sé como me aguanto, este ir y venir de uniformados, este subir y bajar de orgullosas estrellas y barras: son la letanía más larga de la vida.

...Cuarenta años fuera de la tierra que nos vio nacer, se dicen pronto pero se viven en carretadas, parece que aquí las horas son más largas. Cómo pesa este navegar en otro suelo que no es el nuestro. Y todo por las ansias de ser alguien en este mundo, por los dólares, sí, por los dólares que piensa uno que mueven montañas; pero pues la verdad es otra, nomás me

115

miro en el espejo de mi vida, y luego luego les puedo decir lo que ha sido de mí, en esta poderosa nación. Yo llegué un día hasta aquí con una mano delante y otra atrás, es cierto, muy cierto; pero ¿qué tengo hoy aparte de mi mujer y mis hijos? Nada, absolutamente nada, porque una casa , ya tenía una y más grande en el Valle... un carro que debo y esta enfermedad por hacer casi nada en mi trabajo.

—Mi hijo José era mi esperanza...aquí nació...aquí estudió y qué muchacho, desde chiquito acabó con el cuadro: recibió medallas y diplomas a puños, siempre el mejor de su clase, pasó por encima de güeros, morenos y mexicanos, a todos les ganaba en eso de los estudios. Cómo me dio satisfacciones. Desde que estaba pequeño yo le aconsejaba: "Pepe, estudie mucho para que se haga doctor o licenciado, ya verá que usted nos saca de pobres y él nomás me pelaba sus ojitos. Hoy saco conclusiones de que él nomás me decía que sí porque yo era su papá, porque pues de otro modo no hubiera seguido la escuela que siguió; pues le dió por la Sociología y la Psicología y según él que para luchar mejor por la raza, sí, se metió al Movimiento Chicano no sé quién le llenó la cabeza de humo y me lo cambiaron; él no me costó nunca ni un peni en su escuela siempre tuvo como premio a su inteligencia la ayuda de un beca, y como buen hijo de mexicano siempre quería ser el ganón en todo. Me acuerdo que para un cuatro de julio organizaron en su colegio una cosa así como un museo donde los alumnos deberían llevar objetos que de alguna manera significaran algo importante en la vida histórica de los Estados Unidos, unos llevaron copias y recortes de documentos de gran valor, otros banderas de veteranos de la guerra, todos debían presentar una aportación para aquella celebración. Mi hijo, su madre y yo teníamos un grave problema. ¿Qué podíamos tener para sí, si nosotros habíamos dejado allá en nuestro pueblo toda nuestra historia, todo nuestro pasado, allá se habían quedado las fotografías del abuelo que fue Capitán Primero en la famosa División del Norte, todo, todo era nada en esta nueva tierra que nuestros hijos ya habían adoptado por nacimiento.

Estando como estaban las cosas, aquello del museo era un mundo que me pesaba más que mi pobre humanidad, y esto porque el estudio de mis hijos era para mí la razón más grande de todas la razones, y por la que yo seguía aguantando la monotonía de mi trabajo, y fue ahí precisamente donde le dí forma a una idea que se me vino a la cabeza.

Lo que hice aquella mañana estuvo muy bien hecho porque me salió muy bien; pero el riesgo que corrí fue de pronósticos reservados pues siendo como lo soy un simple trabajador encargado de la limpieza y el orden de los dormitorios de los señores oficiales, nada me facultaba para hacer lo que hice; pues ahí, sabedor de que habían llegado los uniformes nuevos para el desfile conmemorativo de la celebración de la Independencia se me ocurrió sustraer lo propio del mero mero general, para mi todo fue muy fácil, sólo me bastó hacer uso de la llave y con eso fue suficiente, tomé aquello y lo puse en el plástico de la basura y de inmediato lo guardé en mi láquer y ahí lo tuve hasta la hora de checar la tarjeta de salida.

Cómo se asustó mi mujer cuando supo lo que supo de aquel paquete, luego lueguito me puse a preparar algunos movimientos: decoloré con unas sustancias muy fuertes aquel elegante uniforme lleno de águilas y barras que daban idea de la importancia de aquel generalazo. Le puse manchas de anilina y lo saqué al sol...aquel domingo víspera del cuatro de julio. Hacía un calor que abrasaba todo, parecía que el sol se deshacía y se estrellaba en las laderas pelonas de la Montaña Franklin y de ahí rodaba como fuego por el aire metiéndose en la piel de todo lo que sentía en su paso. El calor infernal sirvió porque le dió a aquel lujoso uniforme un aspecto de tiempo. Por la noche con un cigarrillo le hice dos o tres perforaciones. Con las botas tambíen hice algunas cosas, las lijé, las bolié, las relijé y de nuevo las bolié para darles la sensación de uso y de edad.

A las seis de la mañana puse a mi muchacho de pié y le dije más o menos lo siguiente: "hijo yo no podía permitir que usted quedara mal, y menos hoy que es un día tan grande para los nacidos en este país y, pues, aunque yo para usted quisiera un dieciséis de septiembre en lugar de este cuatro de julio, no puedo evitarle el que reconozca de algún modo y en lo que vale la historia de los Estados Unidos, sobre la mesa del comedor están dos paquetes para que los presente hoy a las 8 de la mañana en su escuela para que sean puestos en el Museo y así participe en el concurso de la primera muestra de historia nacional.

—Deri, ¿qué es? ¿qué son? ¿cómo le hiciste?

—Con ojos acusadores ve a la madre y dice —¿cómo lo hicieron?

—Tu padre hijo, tu padre, qué no hace él por ustedes.

117

—Respondió mi mujer exagerando aquella apreciación.

—Mira hijo, este paquete largo... es ni más ni menos el uniforme del mismísimo Perching, sí, el general que invadió a nuestro México, en su afán por aprehender a uno de nuestros más grandes caudillos, al Centauro del Norte, al mejor gallo que ha dado México en este siglo. En este otro paquete están unas botas militares y también éstas no son cualquier cosa ya que pertenecieron a... este, sí... a... este, sí, sí, al general que vimos en la video el pasado domingo. ¿Cómo se llama vieja? ¡ah!, sí, Patton, son las botas de Patton.

Para ese momento ya mi hijo no me oía pues estaba embelezado con el primer paquete y pues lo de las botas, no lo escuchó bien; sin embargo en unas tarjetas muy blancas, empezó a buscar en una enciclopedia muy gruesa las biografías de los "dueños" de aquellos vivientes testigos de ayeres nebulosos; pero aún presentes en la esponjosa memoria de la historia.

Mi hijo ganó el primer lugar y nunca supo ni volvió a preguntar el cómo y el dónde de aquellas prendas y yo nunca quise decírselo. ¿Para qué? si la verdadera historia yo creo que ni existe, cada quien dice o escribe lo que le interesa o le conviene que se sepa y además no creo que haya libro que aguante los caprichos y las deudas, las verdades y las mentiras, en todo caso ese libro sería la vida misma, yo lo que sé, lo sé por mí, aunque la verdad es que esto de la lectura siempre me ha gustado y aún no habiendo ido a una buena escuela me gusta estar leyendo y releyendo el pasado y el presente nuestro. Lo hago para pasar más rápido los días, estos días que se me pegan a la piel gastándola en su encuentro.

Yo nunca había engañado a mis hijos y lo que hice con Pepe creo que estuvo bien, aunque de vez en cuando las botas de Patton se oyen caminar y pasar a un lado de mi conciencia, esta conciencia ocupada por la atención que empiezo a darle al puño y al grito de mi Pepe por la raza. En nada me afectó perder lo que no me gustaba y más si todo fue por cumplir con uno de los míos.

*

FUGITIVE

Gloria Velásquez Treviño

Había muerto solo, como Antonio, lejos de su casa, abando-
nado, sin la presencia de aquellas figuras dulces de su infancia,
la caja de chocolate a su lado que Bridget y yo le habíamos
traído de París, aquellos chocolates finos dulces que tanto placer
le habían ofrecido a su cuerpo delgado, convertido ahora en otra
estadística, otro miserable número de aquella ciudad cosmopólita
a donde había huido hacía veinte años para hacerse la vida. Se
me vino a la memoria aquel día en la capital cuando me había
dicho que se iba lejos, que ya no aguantaba vivir de mentiras:
"Me voy Esperanza. Ya no aguanto todo esto", y en una voz
lejana como la de aquellos ríos solitarios de mi niñez que tantas
veces me habían suplicado hasta que me sentaba a escucharlos,
me presentó a Marcos comentando que los dos se irían juntos a
los Estados Unidos. Había sentido celos al conocer al joven de
pelo rubio y ojos azules que parecía demostrarle tanto afecto,
pero al mismo tiempo sentí un alivio enorme al saber que alguien
lo estaba queriendo como Daniel se lo merecía. Le había dado
entonces la dirección de Bridget, haciéndolo prometerme que la
llamaría en cuanto llegara a los Estados Unidos.

Años después, al andar con Bridget caminando desoladas en
la madrugada por las calles, me acordaría de aquel día y de todas
las escenas que actuamos los cuatro en el apartamento pequeño

119

de Bridget; la melancolía de Daniel al escuchar un bolero antiguo de Antonio Aguilar y sus incontrolables celos cuando Marcos se nos acercaba para mostrarnos el álbum más reciente que acababa de comprar. Imposible borrarlo todo. Ni por que dudarlo. Ni por que olvidar aquellas tardes cuando juntos caminábamos por las calles de la Misión comentando la última exposición de arte chicano, la cara orgullosa de Daniel al indicarle a Bridget la artesanía mexicana que aparecía en las ventanas humildes de los negocios latinos y las risas que soltaba cuando Bridget trataba de repetir aquellas palabras con su pronunciación gringa. Pero también me acordaba de otros momentos repletos de amargura y de angustias cada vez que se enfrentaba con un niño abrazando fuerte a su papá en el parque como él había hecho tantos domingos pasados en el parque Chapultepec. Huérfano ahora, prófugo, tratando de olvidar aquellas últimas palabras: "Maricón, joto sin vergüenza, hijo de la chingada".

Recibí su llamada esa mañana y me había regresado a la ciudad para despedirlo y ofrecerle mi apoyo a Bridget que había pasado tantas noches infinitas a su lado limpiándole el sudor de la cara, ofreciéndole chocolates a fin de romper el silencio con sus comentarios frívolos —la última actuación de Raúl Julia o la exposición de arte impresionista que acababa de llegar. En el pasillo me había abrazado fuerte, murmurando, "¿Qué haré sin él, Esperanza? Dímelo, ¿qué haré?" Después en el cuarto, pálida, su cuerpo hinchado aun más por el dolor que la tenía atrapada al lado de su viejo amigo con el cual había compartido la mitad de su vida, ella me había suplicado que lo hiciera creer que valía mierda el pasado, que le leyera de las últimas páginas que acababa de escribir, que le cantara de aquellos antiguos versos mexicanos hasta verlo quedarse dormidito en sus brazos inflados. Teníamos que espantar a las sombras, a los malditos recuerdos, a los periodistas con sus cámaras siniestras, listos para retratar al difunto y reportar en el *Chronicle* la nueva estadística, la pérdida de otro hijo de Sodoma y Gomorra, aquel infierno de maldad.

Llegaron, pues, los dos ángeles a la ciudad a la caída de la tarde; caminaban en silencio con la cabeza agachada, sus rostros escondidos debajo de sus mantas oscuras, deteniéndose para tocar a cada puerta que encontraban para así poder advertirle a la gente de la peste que se había apoderado de cada rincón de la ciudad. Pero sus advertencias eran inútiles, pues todos estaban asustados por la cantidad de muertos que seguía aumentando y que había dejado las calles llenas de cadáveres —viejos, jóvenes, negros, latinos— todos consumidos ya por la apestosa enfermedad.

Desesperados, los dos ángeles le suplicaron a Dios:

"Y si se salvaran unos cincuenta..."
Pero nadie le respondió.
"Y si se salvaran unos treinta..."
Pero todavía nadie les hizo caso.
"Y si se salvaran unos veinte..."
Pero todavía Dios no quiso escuchar.
"Y si se salvara sólo uno..."

Pero aun así, El no tuvo misericordia. Enojado, uno de los dos ángeles murmuró, "Maldito, maldito sea Dios" y el otro, asustado por las blasfemias que escuchaba le replicó, "No digas eso; ¿qué no ves que nos puede estar escuchando?" Pero aquél no le prestó atención y otra vez lo maldijo. Palideció entonces el ángel asustado, exclamando ansiosamente, "Vámonos ya, muy pronto destruirá la ciudad", pero aquél le contestó, "No, vete tú; yo ya no me voy. Aquí me quedaré ayudando a los que pueda".

Se separaron entonces los dos ángeles, el uno desapareciendo en el camino por donde había llegado y el otro entre la sombra de los grandes edificios de la ciudad que poco a poco se hundían por el peso enorme de la muerte.

Ese mismo año Jimmy Lee Swaggert había profesado: "Not only is the homosexual worthy of death, but also those who *approve* of homosexuality."

Falleció durante una de esas madrugadas grises y lluviosos de la ciudad y lo enterramos Bridget y yo un triste domingo, otro dimanche, sin la presencia de aquellas señoras vestidas de luto apretando sus escapularios, listas para hincarse y rezarle los nueve rosarios, solas las dos, sin la presencia de Marcos que ni una sola vez había querido acercársele, obsesionado por aquel mismo miedo que se apoderaba de todos los habitantes de la ciudad. Bridget se había peleado con Marcos hasta gritarle y echarlo del apartamento de Daniel sin siquiera lograr convencerlo de su responsabilidad. Pero yo no había resistido; lo había perseguido una tarde, sitio tras sitio hasta que por fin lo había encontrado en un rincón oscuro, borracho, murmurando los versos tristes de los Beatles. Le había rogado que me acompañara.

—Te estoy rogando Marcos. Hazme caso, cada rato pregunta por ti. ¿Qué no comprendes que se está muriendo? ¿Qué te van a costar cinco minutos?

Había subido la cabeza dejándome llevar por la inmensa corriente que parecía querer tragárselo como había hecho con Antonio.

—No puedo Esperanza, lo siento pero no puedo. Me puede contagiar más, ¿no ves que muy pronto seré yo el que sigue?

Lo había maldecido entonces—cobarde, puto, desgraciado—escupiéndole y dándole con una botella hasta partirle la cabeza y ver la sangre escurrir por sus manos. Había huido entonces con una furia a las calles, gritando, dando patadas a los basureros, a los perros hambrientos, a las viejitas chinas, maldiciendo al mar, a los turistas que me miraban con piedad, a mi reflejo, al puente monstruoso, espantando a monjas como en aquellos versos de Neruda, rodando las calles de la ciudad como loca, jalándome las greñas, pellizcándome hasta por fin dejarme caer como bola aplastada en el cemento frío en un rincón sucio y oscuro, acompañada por los demás seres perdidos, bag ladies, winos, hundidos todos en el olor de orines y vómitos.

Ahora me han traído a este cuarto rectangular informándome que necesito descansar, recuperarme, recobrar la razón para poder funcionar de nuevo en la sociedad. Bridget me ha venido a visitar con una caja enorme de chocolates; me ha platicado de la película más reciente sobre Frida Kahlo, del nuevo restorán vietnamita pero no le hago caso. Sigo sentada aquí en el mismo lugar, delante de la misma ventana recordando los versos de aquel poeta de la Misión que tanto le gustaban.

> "I've had
> to bear
> the days
> anonymously
> like a shadow
> slip
> through the city
> without raising
> suspicions

I've avoided
innumerable
roads
jumped
every fence
fleeing
always
with a haste
that bites
my heels
& barely
lets me breathe

hiding behind
so many
illusions
during
so many years
now
I don't
even recognize
the face of
my soul
nor remember
what brought me
to this fugitive's life

my crime
must have
been
as huge as
the darkness
found in
my punishment
above all

I've sought
the mute
company
of night

I've learned
to fake
almost everything
but

still
when next to you
I'm given away
by the empty
pounding
of my heart"

Maricones todos aquellos que no han sabido querer.

*Poema original de Francisco X. Alarcón, aparece en <u>Ya vas carnal</u>, San Francisco, Ca.: Humanizarte Press, 1985.

•

✳

Esta edición estuvo al cuidado de
Sergio D. Elizondo, Armando Armengol
y Ricardo Aguilar.
Terminó de imprimirse
el día 20 de Mayo de 1987
en Comercial Impresora, S. A.
Tipografía de "Sopa de Letras".
Se imprimieron 1000 ejemplares.